MW01015379

Perfectamente imperfecta

KALINDA KANO

Perfectamente imperfecta

No pretendas que puedes con todo
y aprende a vivir con balance

© 2021, Kalinda Kano

Diseño de portada: Planeta Arte & Diseño
Fotografía de portada: © Mariah Pa
Diseño de interiores: Guadalupe M. González Ruiz

Derechos reservados

© 2021, Editorial Planeta Mexicana, S.A. de C.V.
Bajo el sello editorial PLANETA M.R.
Avenida Presidente Masarik núm. 111,
Piso 2, Polanco V Sección, Miguel Hidalgo
C.P. 11560, Ciudad de México
www.planetadelibros.com.mx

Primera edición en formato epub: agosto de 2021
ISBN: 978-607-07-7834-6

Primera edición impresa en México: agosto de 2021
ISBN: 978-607-07-7814-8

No se permite la reproducción total o parcial de este libro ni su
incorporación a un sistema informático, ni su transmisión en
cualquier forma o por cualquier medio, sea este electrónico, mecánico,
por fotocopia, por grabación u otros métodos, sin el permiso previo
y por escrito de los titulares del *copyright*.

La infracción de los derechos mencionados puede ser constitutiva
de delito contra la propiedad intelectual (Arts. 229 y siguientes de la
Ley Federal de Derechos de Autor y Arts. 424 y siguientes del Código
Penal).

Si necesita fotocopiar o escanear algún fragmento de esta obra
diríjase al CeMPro (Centro Mexicano de Protección y Fomento de
los Derechos de Autor, http://www.cempro.org.mx).

Impreso en los talleres de Litográfica Ingramex, S.A. de C.V.
Centeno núm. 162-1, colonia Granjas Esmeralda, Ciudad de México
Impreso y hecho en México – *Printed and made in Mexico*

Índice

Introducción

Un día me desperté y era **Superwoman**. Una mujer moderna que es mamá y esposa, tiene una carrera en ascenso, mantiene una vida social activa, va a todos los eventos y es amiga de todas las blogueras.

Por supuesto, hace ejercicio, es vegana, alcalina, gluten y *dairy free*. Una mujer consciente que prepara recetas perfectamente estudiadas y planeadas para darle la mejor nutrición a sus hijos, a quienes ni de chiste les deja tomar refresco ni comer dulces, a menos de que se trate de una ocasión *supermegaultraespecial*, como sus propios cumpleaños.

Esta misma mujer quiere estar a la moda. Por lo tanto, mira revistas y blogs para estar al tanto de lo que usan las celebridades y conocer las tendencias en ropa, cabello y maquillaje. Sobra decir que le echa muchas ganas a su *look* e invierte mucho tiempo y algo de dinero en verse bien.

Pero como sabe que no solo importa lo de afuera, también cultiva lo de adentro. Para ello recurre a la meditación y a los cursos New Age. Además, ve películas de arte, lee y acude a todas las exposiciones en los museos. Aunque, para ser sincera, no termina de entender el arte moderno, así que lo discute con sus amigos intelectuales cuando regresan de sus viajes extravagantes por el mundo.

De lejos, esta mujer parece perfecta, una heroína. Pero si la miras de cerca puedes darte cuenta de que está saturada, cansada, de malas y que tiene un tic en el ojo izquierdo.

> *En realidad, está al borde de un colapso nervioso. Su vida de revista es una mentira.*

Esa mujer era yo. Y estaba superorgullosa de la vida «perfecta» que había construido. La familia, el trabajo, el estilo de vida... Tenía una estrellita dorada pegada en la frente. De hecho, tenía tan comprado mi papel de superheroína que hasta llevaba el pelazo azul para complementar el *look* de mi personaje. ¡Ja!

Pero, así como en las películas, un día te encuentras en la cima y al otro estás preguntándote cómo vas a pagar la terapia que tendrán que tomar los niños para superar el trauma ocasionado por el innegable hecho de que a su mamá se le botó la canica.

Un día, en medio de una fiesta infantil, empezó a faltarme el aire, me puse nerviosa, subí a los niños al coche y de camino a casa tuve la crisis más fuerte de mi vida. De verdad pensé que iba a morirme en ese instante. No hubo respiración, afirmación positiva o mantra que pudiera tranquilizarme. Mi cuerpo temblaba, las manos se me pusieron frías y rígidas al volante. Empecé a ver lucecitas y estaba segura de que iba a desmayarme.

Por un lado, quería estacionarme y pedir ayuda, y por otro estaba aterrada. Solo deseaba llegar a casa lo antes posible. Los pensamientos catastróficos invadían mi mente, y mi prioridad era llegar a un lugar seguro y que mis hijos estuvieran a salvo. Después de varias horas logré calmarme y reconocer que había tenido un ataque de pánico. El miedo me duró meses: no quería volver a salir, manejar ni estar sola con mis hijos. No me sentía segura en mi propio cuerpo y menos en mi propia mente. Vivía con el temor de enloquecer en cualquier momento.

Ese episodio me cambió la vida. **El pánico me tacleó cuando menos lo esperaba, y me ganó.** Me dejó con miedo, insegura, vulnerable y con todas las heridas expuestas, destruida por dentro y sin fuerza para reconstruirme.

Ahora que lo veo en retrospectiva, esa crisis fue lo mejor que me pudo haber pasado. Caer, tocar fondo, ir a terapia, reconocer mis heridas, perdonar, cuestionar y tomar responsabilidad de mi vida. Poner las cartas sobre la mesa y decidir quién quería ser y cómo haría para salir adelante es el regalo más grande que el universo me ha dado.

El proceso de sanación fue lento y costó mucho trabajo, pero logré salir adelante. **El aprendizaje más grande que tuve a partir de esa experiencia fue lo siguiente:**

*No es posible ser
y hacer todo en la vida
al mismo tiempo.*

El primer paso para mí fue hacerle un *reset* a mi cuerpo: dormir, descansar, llenarme de nutrientes, moverme desde la suavidad en vez de la exigencia. Aprender por primera vez a escuchar a mi cuerpo y conectarme con sus necesidades. Después me enfoqué en la salud de mi mente: comencé a meditar todas las mañanas, practicar respiraciones conscientes, escribir páginas matutinas (en el capítulo 4 explicaré de qué se tratan), llevar un diario de sueños y hacer todo lo necesario para sentirme más tranquila.

Poco a poco empecé a sentirme mejor y con ganas de explorar nuevos intereses; me inscribí a un diplomado de nutrición en la escuela IIN de Nueva York y me certifiqué como *coach* de nutrición integral. Ya que estaba en *mood* de aprender cosas nuevas, me clavé con el yoga y, después de varios cursos y muchas horas de práctica, me certifiqué como maestra de vinyasa krama. Y, para no hacerte el cuento largo... ahora soy yogui. Además, como parte de mi introspección y búsqueda de autoconocimiento, me acerqué y enamoré del tarot, me inicié en

prácticas de manejo de chi (energía vital) y me conecté con una parte de mí mucho más mística.

Ahora me siento mejor que nunca; ya no tengo ataques de pánico ni vivo en estrés constante. Estoy feliz, plena y presente.

> *Pude cambiar mi vida*
> *por completo y, al mismo tiempo,*
> *me reencontré con quien siempre*
> *fui en realidad.*

Durante este recorrido he aprendido muchas cosas sobre el bienestar; he probado técnicas diversas, estudiado filosofías y experimentado de todo un poco, siempre con el enfoque de lograr una vida más equilibrada y armoniosa. Este libro reúne tanto mis experiencias y conclusiones personales, como la información que he recabado de distintas fuentes profesionales; del mismo modo, se incluyen consejos y ejercicios que he aprendido de mis maestros y también algunos que he inventado y probado yo misma, estos últimos me han dado buenos resultados y me encantará compartirlos contigo.

La exploración que estás por iniciar pasa por distintas etapas; va desde lo más profundo, como analizar el efecto que el estrés tiene en tu vida, hasta lo más superficial, como limpiar tus redes sociales. **Todo lo que propongo tiene la intención de que cuestiones y decidas lo que vale la pena mantener en tu vida y a lo que quieres dedicarle tu atención.** Hablaremos sobre la relación que tienes contigo misma, tu salud mental y tus emociones. También discutiremos acerca del papel que juegan las relaciones de pareja y la maternidad (si es que eres mamá) en tu vida.

En cada capítulo incluí un ejercicio y un ritual mágico, sanador. No estás obligada a hacerlos, pero te recomiendo ampliamente que los pongas en práctica y te entregues por completo a este proyecto. Te prometo que de esa forma será más divertido y aprenderás más de ti. Del mismo modo, **te sugiero que compres un cuaderno especial para que te sirva de acompañamiento mientras lees este libro.** Lo puedes decorar, forrar, llenar de estampas, bañar en *glitter* o lo que quieras. El chiste es que sea una representación de ti y que lo uses solo para acompañar tu proceso.

Algunos ejercicios podrán parecerte muy sencillos y otros quizá te cuesten un poco más; sin embargo, los más difíciles son también los más importantes. Ahí es donde se encuentra la información verdaderamente valiosa y lo que con toda seguridad contiene las pistas de lo que debes trabajar en ti.

Lo que más me interesa es que hagas tuya esta información y la adaptes a tu vida. Ojalá mis experiencias sirvan para inspirarte y guiarte en tu propio proceso.

Tómate tu tiempo, respira, sé suave y amorosa contigo misma.

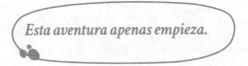

Esta aventura apenas empieza.

1

Superwoman: la villana más seductora de nuestro tiempo

Sé que no soy la primera en caer en la trampa de querer ser y hacerlo todo al mismo tiempo; al parecer esa es la mujer que la sociedad quiere que seamos: Superwoman. Nos la muestran en todos lados: comerciales, películas y redes sociales. Ahí está ella, siendo todas las mujeres en una misma (emprendedora, esposa, mamá, amiga, deportista, yogui), triunfando en la vida y viéndose espectacular en el proceso. ¡Qué presión!

Es un estatus inalcanzable para las mujeres de carne y hueso. Y no solo lo digo yo y todas aquellas que, antes de mí, se desgastaron tratando de hacer demasiado. Es un hecho: hacer todo lo que quieres y «debes» para sostener una vida perfecta requiere de más energía y horas de las que dispone el día. Sin un sistema de apoyo estable, de verdad no se puede.

Así como hay una ley de física que afirma que dos objetos no pueden ocupar el mismo espacio a la vez, hay una ley de vida que dice que **una misma persona no puede vivir catorce vidas al mismo tiempo.**

Mi mamá suele contarme cómo, en los tiempos de su madre, las cosas eran diferentes. Las mujeres existían nada más para tener hijos y atender a la familia. Entre parir, cocinar, parir, lavar, planchar, parir y limpiar, no les quedaba mucho tiempo para desarrollar sus intereses.

Las cosas cambiaron en la siguiente generación. Las mujeres se liberaron de muchas maneras: lograron estudiar, trabajar, usar bikinis, decidir sobre la maternidad, tomar anticonceptivos, enseñar las chichis, tatuarse, viajar, ser independientes económicamente, hacerse cirugías estéticas, volverse hippies, yuppies, preppies o lo que quisieran. A partir de esa revolución femenina surgieron muchas cosas importantes a nuestro favor, aunque también aparecieron otras cuantas que no termino de entender, como cuando una dama (o quien sea) decide pelearse con el desodorante y andar por la vida oliendo a ajo con axila… pero cada quien sus decisiones.

Querida lectora: antes de continuar, considero importante mencionar que mi mamá es de California y creció en los sesenta, en pleno apogeo de la movida hippie. Por eso en mi vida estuvieron presentes varias de las cosas que acabo de mencionar, y que podrían sonar extrañas, como lo de las axilas sin desodorante, los anticonceptivos y las chichis al aire. Y a pesar de que no hayas tenido una experiencia de vida similar, podemos estar de acuerdo en que **las cosas han cambiado de manera drástica para las mujeres de generaciones recientes.**

Okey, retomemos. Luego de esa generación que rompió esquemas y tabúes de lo establecido por la sociedad, llegamos nosotras: las mujeres adultas de hoy en día. Las que seguimos después de las abuelas tradicionales y de las madres rebeldes.

Podría pensarse que somos la combinación perfecta de ambos mundos; sin embargo, en realidad diría que estamos hechas bolas. Parece que queremos hacer todo lo de antes y sumarle lo de ahora: atender a la familia, ser unas amas de casa ejemplares y, al mismo tiempo, vivir nuestra vida al máximo, aprovechando cada respiro y oportunidad que se nos presenta. Ser libres y transgresoras.

Suele decirse que somos la generación que lo quiere todo fácil, rápido y bonito. Hasta ahí, todo bien. Pero, casualmente, también somos la generación que tiene más problemas de ansiedad, depresión, insomnio y crisis existencial. ¿Coincidencia? No lo creo.

¿Por qué glorificamos el estar siempre en chinga?

Vivimos en una sociedad y un tiempo en el que nuestro valor como personas radica en nuestra productividad, en nuestra capacidad para hacer mil cosas en un mismo día.

> *Nos la pasamos con una lista de pendientes, esperando a ponerle una palomita al lado.*

Antes, cuando le preguntabas a alguien cómo estaba, te respondía con un «bien». Al plantear esa pregunta en la actualidad, la respuesta más frecuente es «en chinga» o algo como «no sabes la semana del terror que he tenido», «corro atrás de los niños todo el día», «no he parado, me la vivo en juntas». El tipo de respuestas que daría Batichica si le preguntáramos cómo han estado las cosas en Ciudad Gótica durante la última semana.

Con frecuencia, la gente contesta como si su «chinga» los hiciera más importantes o interesantes. **En estos tiempos, pareciera que estar vivo fuera un concurso de productividad.** *The Productive Games*, protagonizados por todos los seres de este planeta. ¿Será que antes se hacían menos cosas? ¿O se hacían las mismas, pero nadie sentía la necesidad de contarlas? No lo sé.

No me malinterpreten, no soy una *grinch*. De hecho, me encanta cuando la gente sobrepasa las respuestas genéricas y me cuenta acerca de su vida. En verdad me interesa saber cómo se encuentran y por eso les pregunto al respecto. Pero, de un tiempo para acá, empecé a notar que muchas personas usan esas interacciones sociales para presumir qué tan cansadas, rebasadas y faltas de tiempo y sueño están.

Si de verdad estamos exhaustas 24/7, algo estamos haciendo mal, ¿no crees? Entonces, ¿por qué parece que estamos más orgullosas de vivir con exceso de trabajo que de otros aspectos de nuestras vidas?

Yo crecí en Playa del Carmen, Quintana Roo, cuando todavía era un pueblo pesquero muy chiquito, de tan solo mil habitantes. Nuestra vida era sencilla y relajada: comíamos lo que los pescadores recolectaban ese día; los pocos negocios abrían cuando los dueños querían; la comida estaba lista cuando las señoras terminaban de prepararla. Todos nos conocíamos y el pueblo entero se despertaba y se iba a dormir con el sol; nadie tenía prisa ni había mil cosas por hacer. La productividad no era un tema, no se esperaba nada de ti ni de nadie más. Éramos muy felices.

Fue hasta que llegué a vivir a Ciudad de México, a los 19 años, cuando me di cuenta de que la gente que tiene una vida normal trata de hacer muchas cosas en un solo día. Casi nunca consiguen hacer todo lo que se proponen porque les ganan las horas. Ante esto, se frustran y se enojan. **Caen en un círculo vicioso que consiste en intentar hacer todo, lograr la mitad, dejar el resto para después, dormir pensando en los pendientes y empezar el día siguiente con el doble de cosas que el anterior.** Como yo me sentía una versión caribeña de Tarzán y me urgía pertenecer a la sociedad moderna, hice lo que cualquier persona en mi lugar habría hecho: copiar el modelo de productividad que observé en los demás.

Por alguna extraña razón, tanto antes como ahora, la persona que está más ocupada es la que aparenta ser la más importante. Esto es algo que suele despertar admiración y hasta un poco de envidia en quienes no le chingan tanto. **La chinga es una medida que da estatus.** Y en esta sociedad en la que todos aspiramos a ser alguien, parece ser un mal necesario.

El mito de hacerlo todo

Mito: historia imaginaria que altera las verdaderas cualidades de una persona o de una cosa y les da más valor del que tienen en realidad.

Esta es la parte en la que rompo corazones e ilusiones porque te digo la verdad, al menos la mía: **hacerlo todo está sobrevalorado y ¡es una mentira!** Porque cuando lo estás haciendo todo, en realidad no estás haciendo todo. Puede ser que logres parte de tu objetivo, pero no lo cumples en su totalidad.

Quiero contarte sobre algo que me ha funcionado: **el mindfulness.** La palabra es medio nueva pero el concepto existe desde el principio de los tiempos, quizá ya estás familiarizada con él. Se basa en algo muy sencillo: poner atención a lo que haces. **Se trata, en esencia, de no tener la cabeza en todos lados y mantener tu atención en una sola cosa, la que estás haciendo en ese momento.**

Dicha acción puede ir desde lavarte las manos, comerte una manzana o sentir el aire acariciando tu piel en una tarde de verano. Para lo que sirve el famoso *mindfulness* es para poder vivir las experiencias en su totalidad. Como verás, es lo opuesto a lo que hacemos cuando tratamos de abarcar demasiado y tenemos la cabeza en la comida, la tarea de los niños, la lista del súper y el celular, todo al mismo tiempo.

Hoy en día es muy normal ejercitarte mientras platicas, contestar correos de trabajo en los semáforos, escuchar audiolibros cuando cocinas, mirar IG Lives mientras estudias. Y así son todos tus días y tus semanas. Este ritmo de vida es tan normal que quizá ya ni lo notes y hasta te sientas una persona productiva, pero a pesar de todo lo que hiciste, no estuviste presente y entregada a ninguna de las actividades. Tus habilidades de *superwoman multitask* no son tan reales como tú piensas. #Traz

Se trata, precisamente, del mito de hacerlo todo. Nuestra fama de ser las reinas del *multitask* es innegable, aunque muchas veces no sabemos ni lo que estamos haciendo. Pero, ¡shhh!, no le cuentes a nadie, porque nos encanta fingir que estamos en todo.

El valor que le damos a la productividad

¿A quién culpar de nuestra convicción de que la productividad lo es todo en la vida? Tal vez Hollywood nos ha hecho un gran *coco wash* y, así como ha influenciado en nuestros conceptos del amor y del éxito, también lo hizo con otros aspectos de nuestras vidas.

Los medios de comunicación y las redes sociales tienen mucho que ver. En estos espacios se nos incita a mantenernos activas desde que despertamos hasta que vamos a dormir. Si quieres tirarte a hacer nada, es muy probable que al revisar tu teléfono te topes con contenido que te dará ideas acerca de todo lo que deberías cambiar para «ser mejor» o «hacer más» en ese momento de descanso.

En lo que respecta a mi experiencia, la culpa de mi deseo de producir sin descanso la tiene mi madre. Sí, esa mujer que me parió y que tanto me ama es la misma que me trajo en friega mi vida entera.

Mi mamá es una tipaza, pero no hay nada que le moleste más en la vida que ver a una persona sentada haciendo nada. Por eso es experta en inventar actividades y asignar tareas. Incluso tenía una frase que usaba cuando nos acostábamos en el sofá: «¿Sabes lo que puedes hacer...?». Y así, como por arte de magia, la mujer te paraba antes de que lograras apoyar la cabeza.

En mi caso fue ella, pero en el tuyo pudo haber sido alguien más. Por lo general es un miembro de la familia, y casi siempre se debe a la necesidad y no a un capricho. Idealmente, las familias funcionan como un gran equipo en el que cada miembro se hace cargo de algo en particular. Y créeme que, ahora que soy mamá de dos, entiendo mejor que nunca la importancia de que todos los integrantes tengan tareas asignadas.

> *El problema no está en hacer, sino en la relación que desarrollamos con* siempre *estar haciendo.*

No sé si se debe a una cuestión generacional o cultural; lo que sí es seguro es que la mayoría de los adultos contemporáneos tenemos una relación de culpa con el descanso.

Como consecuencia de lo anterior, tenemos vidas llenas hasta el tope. Hacemos cosas incluso cuando no hay nada por hacer. Tal vez me la estaría volando al decir que alguien debería pedirnos perdón por hacernos creer que tenemos que ser personas ultraproductivas 24/7. Sin embargo, quizá sí deberían darnos nuevas instrucciones, más prácticas y realistas, y que de preferencia involucren siestas en hamacas.

Es hora de resetear el chip para comprender que nuestro valor no está en lo que logramos, sino en lo que somos. Nunca es tarde para cambiar nuestras vidas. Si algo de lo que dije resuena en ti, quizá tú también, como yo, necesites un borrón y cuenta nueva. Así que empecemos con lo más importante: el descanso.

Es hora de resetear el chip para comprender que nuestro valor no está en lo que logramos, sino en lo que somos.

La importancia del descanso

Yo solía pensar que descansar era una forma elegante de decir «dormir», pero resulta que no son lo mismo. Dormir es el acto de cerrar los ojos y abstraer los sentidos para caer en una dimensión desconocida en la que reina el inconsciente; se relaciona más con desenchufarse y desentenderse de todo aquello que transcurre a lo largo del día. Descansar, en cambio, es mucho más complejo porque requiere de una decisión. Puedes estar a la mitad de tu día y tomarte un descanso, quedarte en pausa unos minutos, recargar pilas y ponerte en *play* para continuar con tu jornada.

Para descansar no es necesario que duermas: puedes estar sentada en una silla, acostada o tirada en el pasto. Es un momento en el que relajas el cuerpo y la mente para darte chance de reponer la energía que has gastado a lo largo del día.

A mí, por ejemplo, me encanta quedarme acostada unos quince minutos, haciendo nada, después de mi rutina de ejercicio. Siento que de esa forma mi cuerpo se relaja y termina de asimilar lo que acabo de hacer, y así le doy chance a mis signos vitales y a mis hormonas para que regresen a su estado normal de tranquilidad. También me gusta sentir que separo cada una de mis actividades con un breve recreo para no saturar demasiado mi mente.

Y es que, así como el cuerpo necesita recargarse, nuestra mente también se satura y necesita *breaks*. ¿Nunca te ha pasado que estás estudiando o trabajando por horas y llega un punto en que no puedes poner atención? Si te tomas unos minutos para cambiar de escenario, pararte, estirarte, cerrar los ojos y respirar, tu atención se renovará.

En los viejos tiempos, cuando el ritmo de vida no era tan acelerado, el descanso era una costumbre. Incluso había horarios específicos en los que la gente descansaba; un ejemplo es después de comer, cuando entra ese sueñito delicioso y el cuerpo se relaja.

Ahora, en nuestras vidas modernas, el descanso no es parte de la agenda y por eso debemos priorizarlo. No hace falta irnos a casa a dormir a la mitad del día.

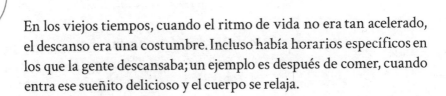

Cinco minutos son suficientes para que el cuerpo y la mente consigan recargar energías y poder seguir.

El descanso de cada persona es diferente porque depende de las actividades que realicemos. Si tu día entero es estar frente a una computadora, lo que necesitas es levantarte y caminar un poco para darle movimiento al cuerpo y un *break* a los sentidos.

Si tu vida es más activa, como la mía y la de muchas mamás, puede ser que tu cuerpo te pida sentarte en una silla y perderte en el horizonte. Todo esto mientras dejas la mente en blanco y, por unos breves minutos, dejas tus mil pendientes a un lado.

Algunas ideas que pueden servirte de inspiración:

● Acuéstate en la cama, sin intención de dormirte, y mira el techo. Observa con detenimiento el color, la textura, y si hay detalles que te llamen la atención. Deja que tu mente se vaya a donde quiera, pero no te muevas.

- Siéntate en una silla y mira por la ventana, hacia la calle, las casas o los árboles. No hables con nadie, solo mira el ritmo de la vida. Observa.

- Tírate en el piso de tu casa y estira tu cuerpo. La idea es que sientas placer, no dolor, así que no fuerces nada. Nuestros músculos están cubiertos por una membrana llamada fascia y cuando la estiramos se liberan hormonas de bienestar. Si puedes acompañar el movimiento con la respiración, mucho mejor.

- Acaricia a tu mascota.

- Date unos minutos para leer un libro, no un tuit, no un *caption* de Instagram ni las noticias, sino un libro de verdad. Define con anticipación cuánto tiempo le dedicarás, pon un *timer* y piérdete en la lectura.

- Haz qigong, una forma de arte corporal de origen chino que se utiliza para fortalecer el campo energético. No requiere de mucho esfuerzo físico y es muy revitalizante. Hay muchas opciones en línea.

- Escucha una meditación guiada. La forma más fácil de descansar la mente es cuando alguien más te dice qué debes imaginar. Resulta que al cerebro le encantan este tipo de actividades.

- Enciérrate en el baño y siéntate en el piso. No contestes cuando escuches tu nombre, juega a que no estás. Esta idea es especial para nosotras las mamás.

Por qué debes ponerte la máscara primero

Me llevó muchos años aprender a no hacer nada. Tal vez hay gente a la que le resulte más fácil, pero a estas alturas seguramente te queda clarísimo que yo no soy de esas personas.

> *De hecho, tengo que agendar mis espacios de no hacer nada. Sí, leíste bien.*

Para lograrlo, anoto mis descansos en el celular, porque de otro modo se me pasan y me sigo de largo con la vida. Pueden pasar semanas enteras en las que no me acuerdo, hasta que colapso de cansancio. Entonces, ya asumí que mi método para tomarme en serio lo del descanso es agendarlo, como si se tratara de una más de mis actividades.

8:00 a. m. – 9:15 a. m: Entrenamiento
9:15 a. m – 9:30 a. m.: Descanso
9:30 a. m – 12:00 p. m.: Trabajo
12:00 p. m. – 12:15 p. m.: Estiramientos

Quizás estás pensando que estoy medio loca. Pues de una vez te digo que tienes algo de razón. Y seguro dices para tus adentros: «No tengo tiempo para darme cuatro descansos de 15 minutos al día». También has acertado al respecto; al principio puede ser difícil encontrar esos espacios, pero las cosas no tienen por qué ser de esa manera.

¿Alguna vez has escuchado la alegoría del oxígeno en el avión? Cuando estás a punto de despegar en un avión, te señalan las medidas de seguridad: «En caso de una despresurización de la cabina, las máscaras de oxígeno aparecerán automáticamente frente a usted. Para comenzar el flujo de oxígeno, jale la máscara, colóquela firmemente sobre su nariz y boca. Asegure la banda elástica y respire con normalidad. *Si viaja con un niño o alguien que requiere asistencia, asegure su propia máscara primero y luego ayude a la otra persona».*

Me tomó tiempo entender esa lógica. **¿Por qué si viajas con alguien más débil o que necesita tu ayuda vas a ponerte la máscara tú primero?** Suena egoísta, antinatural y opuesto al instinto maternal. Sin embargo, la lógica no va por ahí. Cuando la cabina se despresuriza tienes muy poco tiempo para reaccionar y ponerte la máscara antes de que te dé hipoxia, lo que ocurre cuando el cuerpo empieza a fallar por falta de oxígeno y te desmayas o te mueres. Lo que explican es que, si tratas de ponerle la máscara a alguien más, a ti te va a dar el telele y lo más probable es que ninguno de los dos la libre. En cambio, **si te pones la máscara y respiras, te estabilizas y puedes ayudar a tus acompañantes** e incluso a otros pasajeros.

Te cuento esto porque **el descanso es la máscara.** La experiencia me ha enseñado que si no me cuido y respiro, mi cuerpo colapsa y no le sirvo a nadie para nada. Ni a mis hijos, ni a mi pareja, ni a mis amigas, ni siquiera a mis mascotas.

Créeme que descansar no me resulta fácil. Es mi talón de Aquiles, me cuesta todo el trabajo del mundo. Me acuesto, cierro los ojos, y de inmediato se me ocurren cosas que podría estar haciendo con ese tiempo: contestar mensajes, escribir, sacar la ropa de la secadora, darle agua a la perra, lo que sea. Siempre hay algo.

Sin embargo, cuando esto pasa, me resisto y recuerdo que las pausas son necesarias para poder continuar con mi día sintiéndome bien, concentrada, enfocada y presente.

Inténtalo, ya verás la diferencia que esto hace en tu vida. #LifeHacks

Así como el cuerpo necesita recargarse, nuestra mente también necesita breaks.

Pequeño ejercicio, grandes resultados

Tómate un descanso

Escoge un día de la semana, el que quieras y puedas, y vacía tu calendario. Cancela todas tus actividades, dile al mundo que ese día no vas a estar disponible porque tienes un compromiso muy importante.

La noche anterior, asegúrate de no tener pendientes y apaga tu celular. No pongas tu alarma, despiértate a la hora que tu cuerpo esté listo. Quédate en la cama hasta que quieras levantarte; lee, dibuja, escribe.

Prepárate un desayuno delicioso y saborea cada bocado. Camina por tu casa, mira fotos. Prueba meditar; si te sale, bien, y si no, también. Píntate las uñas, ponte una mascarilla. Haz las cosas que siempre quieres hacer, pero no puedes por falta de tiempo. Solo no veas la tele ni otros aparatos electrónicos. Dales un descanso a tus sentidos.

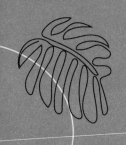

Ritual

1. Acuéstate en una superficie semirrígida. Lo ideal es que sea en el piso, con un tapete de ejercicio o una cobija; también puede ser sobre tu cama. Usa una almohada para apoyar la cabeza y coloca otra debajo de las rodillas para que tu espalda baja se relaje.

2. Cierra los ojos y respira profundamente por la nariz. Dirige la atención hacia tu respiración. No la controles, solo enfócate en cómo inhalas y exhalas.

3. Siente el peso de tu cuerpo en la superficie que te sostiene, hasta que seas capaz de percibir cómo algunas partes están apoyadas y otras flotan.

transformador

4. Cuando por fin te sientas cómoda y lista, emprende un recorrido mental por tu cuerpo. Empieza de abajo hacia arriba y de izquierda a derecha. Estás buscando tensión acumulada y escondida en tus músculos. Eres una detective del estrés.

5. Si sientes rigidez en una parte del cuerpo, inhala y aprieta fuertemente el músculo en cuestión hasta que ya no puedas más. Luego exhala al relajarlo.

6. Repite la dinámica con cada parte contracturada de tu cuerpo. Aprieta y suelta cada músculo cuantas veces lo consideres necesario hasta que este ceda y esté libre de tensión.

7. Cuando termines tu recorrido, inhala de manera profunda y tensa el cuerpo entero con mucha fuerza. Exhala y suéltalo todo. Da las gracias a tu cuerpo por liberar todo lo que llevaba cargando. Muévete con lentitud para regresar al *aquí y ahora*. Abre tus ojos.

2

Las diferentes caras del estrés

Estrés: estado de cansancio mental y físico provocado por la exigencia de un rendimiento muy superior al normal; suele ocasionar diversos trastornos físicos y mentales.

¡Yup! Así es justo como se siente. Dicho de una manera más simple: el estrés es forzar la máquina.

Me gusta pensar que nuestro cuerpo es como un coche. El motor es nuestra mente y la gasolina son todas las cosas que nos mantienen andando: la comida, el sueño, los deseos, la gente que amamos y nuestros planes a futuro. A menos que sepas algo que yo no sé, todos los autos necesitan parar de vez en cuando. Si los corres sin descansos, se te quema el motor y te quedas sin combustible, y sin combustible no vas a ningún lado. Bueno, a menos que tengas un coche eléctrico, pero ese es otro tema.

Los coches, los aviones, los caballos, los mosquitos y las personas tenemos algo en común: avanzamos, y por ello necesitamos de pausas para recargar. Cuando andamos en modalidad *superwoman* «todo lo puedo», tendemos a olvidarnos que los *breaks* también son necesarios.

Mi colapso nervioso me hizo darme cuenta de muchas cosas, entre ellas, que más gente de lo que imaginaba pasó o está pasando por una situación de estrés severo. Y, seguramente al igual que ellas, entender el principio tan básico de acelerar y frenar me tomó dos años, seis terapeutas, un cambio de ciudad, dos colores de pelo, cuatro contracturas musculares e incontables ataques de pánico. Nuestra vida

moderna, saturada de actividades, no nos está funcionando a nivel físico, mental ni espiritual. Somos una bomba de tiempo.

La firma de análisis global Gallup realiza cada año una investigación con más de 150 mil personas de 140 países para estudiar sus sentimientos y emociones. A los encuestados se les hacen preguntas como: «¿Te sientes descansado?» «¿Ayer sonreíste o reíste en algún momento del día?» «¿Durante el día te sientes enojado/triste/preocupado/estresado?» «¿Te duele alguna parte del cuerpo de forma constante?». Con base en las respuestas obtenidas, crean reportes para informar a los líderes mundiales sobre la condición en la que se encuentra la sociedad. Y... ¡Oh, sorpresa! **Anualmente se registra un aumento en el porcentaje de adultos que vive con estrés.** En 2019, por ejemplo, se reportó que 39% de la población adulta del mundo la estaba pasando mal en su día a día. Y sospecho que la cifra subirá de manera significativa este año. Houston, tenemos un problema.

Las estadísticas también arrojan que el sector más abrumado por el estrés es el de los jóvenes de entre 15 y 29 años, quienes a su vez son los más preocupados y enojados. ¿Qué estará pasando? Hace apenas una generación esa era la edad en la que nos íbamos de pinta, compartíamos caguamas y nos aventábamos a la alberca con ropa. Qué buenos tiempos aquellos en los que no nos preocupaba en lo absoluto ni el futuro ni las consecuencias de nuestros actos. Quién nos viera ahora: contracturados, con las mandíbulas apretadas y corriendo por la vida como pollos decapitados.

El estrés bueno y el estrés malo

Es importante que hablemos del estrés a profundidad para realmente entender el origen de lo que nos está pasando.

> *El estrés es algo natural en los seres humanos, una manera en la que el cuerpo reacciona ante una situación de peligro.*

Cuando la mente percibe una amenaza, se desencadena una reacción fisiológica. El ritmo cardíaco se acelera, la respiración se entrecorta, los músculos se contraen y los vasos sanguíneos se dilatan. ¡Pum!

El cuerpo está listo para pelear o salir corriendo, o en mi caso desmayarse y vomitar. En realidad, la reacción de *fight or flight*, viene de nuestros ancestros. Si de pronto un león empezaba a perseguirlos, se les activaba el fua y se le ponían al tiro o, impulsados por la adrenalina, corrían a velocidad sobrehumana para resguardarse.

Este mecanismo es nuestro instinto de supervivencia a *full*. **Y aunque los tiempos han cambiado y es poco probable que un león nos persiga, nuestra mente sigue pensando que su principal tarea es mantenernos a salvo.** Por eso le echa muchas ganas a protegernos de situaciones que percibe como peligrosas. No, *pos* gracias, mente.

El problema es que la muy canija de nuestra mente tiende a sacar las situaciones de contexto y a pensar que todo el tiempo tenemos que estar listas para pelear o salir corriendo. No termina de entender que llegar cinco minutos tarde al trabajo o perder el tupper de tu vecina no son en realidad situaciones de vida o muerte, y manda señales de tensión al cuerpo que desencadenan un estrés acumulativo horrendo.

Quizá no sean señales tan agudas como para causar una crisis nerviosa, pero de cualquier modo segregamos adrenalina, las palpitaciones aumentan y el cuerpo se tensa. En su debida proporción, pero sucede. ¿Alguna vez has tenido una piedrita en el zapato? ¡Claro! Entonces sabes que no necesita ser gigante o puntiaguda para molestarte. Te permite seguir caminando, pero la molestia está ahí. Si no la sacas, al final la piedrita te hará la vida miserable.

Pero no quiero caer en el *cliché* de hablar de puras cosas negativas, así que voy a aplicar la clásica: tengo dos noticias, una buena y una mala, ¿cuál te digo primero? ¿La buena? Perfecto. Como todo en la vida, el estrés tiene dos caras: una positiva y una negativa. Al ser una mujer que ve el vaso medio lleno, quiero empezar hablándote sobre su lado positivo.

Tal vez estés pensando: «¿Dijo las palabras *estrés* y *positivo* en la misma frase?». Sí, eso fue lo que dije. Aunque te cueste creerlo, hay cierto elemento del estrés que nos ayuda a prosperar. Seguramente te ha pasado que tienes que entregar un proyecto y, aunque te estés cayendo de sueño, te desvelas y logras terminarlo. O típico que vas manejando, se atraviesa un coche y tu reacción es frenar de forma repentina; gracias a ello, evitas chocar. No lo pensaste, solo pasó. Esa capacidad de empujarte al límite y reaccionar con rapidez se debe al estrés.

Mi mayor aprendizaje sobre este tipo de estrés surgió durante la práctica de la acrobacia aérea. Hay muchas variantes de esta disciplina, pero las que yo hago son con telas y aro; ambas requieren de mucha fuerza física y concentración. Cuando estoy colgada de un artefacto suspendido del techo a seis metros de altura, no puedo distraerme ni relajarme.

Mi capacidad de reaccionar ante el peligro me ha salvado la vida, de la forma más literal. Me he encontrado en ocasiones en las que una tela está mal acomodada, empiezo a resbalarme, me confundo o me canso estando arriba. Entonces, la adrenalina que produce mi cuerpo me ayuda a resolver la situación y poder bajar. En esos casos, un poco de estrés es el mejor aliado.

La muy canija
de nuestra mente
tiende a sacar
las situaciones
de contexto.

Sé que es raro hablar sobre algo que tiene tan mala fama desde otro punto de vista, pero creo que es importante. Mucho de lo que se considera estrés positivo se relaciona con la supervivencia; no obstante, dentro de esta categoría también se encuentra la emoción. Hay muchas situaciones en las que segregamos adrenalina, se nos acelera el ritmo cardiaco y sentimos que estamos viviendo una escena de riesgo como de película; sin embargo, se trata de situaciones que no pueden dañarnos. El cuerpo puede estar pasando por estrés, pero si la mente no percibe la situación como un peligro, el mecanismo de *fight or flight* no se activa.

No solo no estamos en peligro, estamos en éxtasis. Qué me dices sobre ese *rush* que sientes la primera vez que le das un beso a alguien que te encanta, o cuando te subes a un juego mecánico y empiezas a anticipar la caída o el giro. ¡Qué delicia! Las películas de acción y terror, los conciertos, los recitales, ver a alguien que amas lograr sus sueños, lograr los tuyos. Todos esos son momentos de emoción extrema.

A este tipo de estrés se le conoce como eustrés y sin él nuestra vida sería aburrida y monótona: sin momentos de incertidumbre, ni ganas de superar nuestras metas y obstáculos. Sin altos ni bajos, tendríamos una vida plana y, en mi opinión, medio de hueva.

Como podemos ver, todo este cotorreo tiene su lado padre, pero ahora pasemos a la otra cara de la moneda. Al *dark side*.

Hay dos tipos de estrés malo. El *light*, que surge en la vida cotidiana; parece indefenso, pero se nos pega como sanguijuela y se alimenta de nuestra sangre. Por otro lado, está el estrés *full*, que surge a raíz de una situación traumática que nos marca a profundidad.

El estrés *light* ya lo conoces. Es el microinfarto que sufres cuando no pasa tu tarjeta; la desesperación de cuando vas tarde a un compromiso y el tránsito está parado; las ganas de gritar cuando tus hijos deciden decorar las paredes con crayolas de colores, o lo que sientes en ese instante cuando se te cae el celular y lo ves dirigirse al piso en cámara lenta mientras te acuerdas de que todavía ni lo terminas de pagar. Son todos esos momentos en los que parece que dejas de respirar por un instante y te sientes frustrada, enojada o nerviosa.

En cambio, el estrés *full* es el que experimentas cuando pasan las cosas grandes de la vida, como cuando un ser querido está mal de salud, te corren del trabajo o te quedas sin departamento; es lo que se apodera de tu cuerpo cuando vas caminando por la calle y sientes que te siguen, o cuando peleas con tu pareja, te cae el veinte de que la situación no tiene remedio y decides que lo mejor es separarse.

Aunque ambos tipos de estrés vienen del mismo lugar y la reacción fisiológica es igual, en este caso el malestar es prolongado y constante, razón por la que el cuerpo lo resiente mucho más.

> *No es lo mismo recibir una descarga eléctrica de unos segundos que quedarte pegada a un cable de alta tensión.*

La medida de estrés que cada persona puede tolerar es distinta y depende de muchos factores, incluido el género, la complexión, la personalidad, la educación y el contexto social. Sin embargo, **ningún cuerpo está equipado para aguantar el estrés a largo plazo o de manera cotidiana.** Por eso es importante saber identificar sus síntomas. Hacerlo te ayudará a evitar las típicas visitas al médico en las que te dicen que lo que te duele, te punza y te provoca agruras es simplemente estrés. Lo único que necesitas es relajarte. Okey, gracias doctor. ¡Ugh!

Los síntomas físicos del estrés pueden ser:

- Poca energía
- Dolor de cabeza
- Insomnio
- Contracturas musculares
- Problemas estomacales, incluidos diarrea, constipación y náusea
- Dolor en el pecho y palpitaciones aceleradas
- Pérdida de apetito sexual
- Resfriados recurrentes
- Nerviosismo y agitación
- Manos frías y sudorosas
- Rechinar de dientes
- Cambios de apetito
- Abuso de sustancias como el alcohol y las drogas

Los síntomas emocionales del estrés pueden ser:

- Baja autoestima
- Depresión
- Miedo a perder el control de una situación

- Incapacidad para relajarte y aquietar tu mente
- Sentimientos de frustración, enojo y cambios de humor
- Evitar el contacto con otras personas
- Falta de concentración
- Preocupación constante
- Falta de juicio ante diversas situaciones
- Dificultad para tomar decisiones
- Pesimismo y tendencia a la negatividad

Si uno o varios de estos síntomas tienen tu nombre, quizás es buen momento de reevaluar tu situación actual y hacer algunos cambios. Pero no cierres el libro, porque a continuación te voy a hablar sobre mi tema favorito: la ansiedad. Si quieres, ve por un *snack* y regresa porque se va a poner buena la plática.

Una compañera llamada ansiedad

Ansiedad: estado mental que se caracteriza por una gran inquietud, una intensa excitación y una extrema inseguridad.

La ansiedad es el estrés que continúa después de que el factor estresante ha desaparecido: el *next level* del estrés normal. O visto desde mi lupa de arcoíris: es la mensajera de que algo no está bien en tu vida.

Hay muchas teorías sobre el origen de la ansiedad y, como todos los temas polémicos, es imposible decir cuál punto de vista es correcto y cuál no. Entre mis teorías favoritas está la de Freud, quien decía que la ansiedad surgía a partir de la transformación de la tensión acumulada, y sugería tener relaciones sexuales para liberarla, por lo que los ansiosos corrieron a «tratarse» teniendo orgasmos.

Desde entonces han surgido nuevas teorías, como la de la psiquiatría biológica que dio origen a los tratamientos con fármacos de la «felicidad», hasta la que revisa nuestra genética y nuestros traumas de la infancia (incluso los que no imaginamos que sean *un tema*) para que, a partir de la psicoterapia, podamos encontrar y sanar aquello que nos hace sentir ansiosas.

He probado varias terapias con la finalidad de trabajar en mi ansiedad y, sinceramente, la que siento que más me ha ayudado es la terapia cognitiva conductual (Cognitive-Behavioral Therapy o CBT), la cual, a grandes rasgos, se trata de entender la manera en la que tus pensamientos desencadenan reacciones de estrés en tu cuerpo. Para no estar en un *loop* constante de ansiedad y estrés, tienes que modificar tus pensamientos. ¡Ajá! Está intenso. Por eso, si puedes, te recomiendo ir con un terapeuta especializado en CBT para que te ayude a resetear tu disco duro.

Como la persona curiosa que soy, también he investigado teorías alternativas como la del tantra; esta afirma que la ansiedad es una manifestación de la shakti (energía femenina de la divinidad) y que, al igual que con las demás energías, debemos observarla y permitir su flujo. De hecho, me recuerda a la que me enseñó una terapeuta ontogónica, según la cual no debemos temer las sensaciones ansiosas sino, conscientes de que están en nuestro cuerpo, necesitamos sentirlas y explorarlas hasta que se disuelvan.

> De esa terapia aprendí algo muy valioso: cuando huyes de las cosas, estas se vuelven más grandes y dan más miedo. Mirarlas de frente es intimidante, pero solo así puedes verlas con claridad. Créeme, nada es tan grave como lo parece en tu mente.

También hay quienes estudian la ansiedad desde los chakras, nadis, meridianos y canales energéticos y la tratan mediante acupuntura, moxa, imanes, reiki, qigong y técnicas de manejo energético. De verdad hay de todo y, dependiendo de tu forma de pensar, seguro encontrarás una teoría y tratamiento que tenga sentido para ti. Desde lo más ortodoxo hasta lo más místico.

A mí me pasó: hace poco estudié para ser maestra de yoga y aprendí otro punto de vista. En la tradición yóguica, la ansiedad se percibe como ruido de la mente: el famoso *monkey mind*, al que le gusta estar jugando y distrayéndonos. El yoga busca calmar al chango con movimiento físico, visualizaciones y técnicas de respiración. De hecho, **la práctica de asanas (las posturas de yoga) es de los métodos alternativos preferidos para calmar el sistema nervioso y devolver tranquilidad al cuerpo y a la mente;** es por eso que te sientes tan en paz al terminar tu clase de yoga. Para mí es casi magia, por eso lo amo tanto.

Independientemente del bando que elijas, no me cabe duda de que lo importante es estar bien. Las teorías son secundarias y, como conclusión personal, creo que **la ansiedad surge por una falta de equilibrio, ya sea en el cuerpo, la mente o el espíritu. Y para lograr el bienestar, tenemos que reacomodar algunas cosas.**

En mi caso, sé que la ansiedad se manifiesta cuando estoy haciendo demasiadas cosas al mismo tiempo. Una cosa me lleva a la otra y de repente, ¡pum!, salen a la superficie mis traumas más profundos. Es como cuando avientas una piedra al lago, se remueve el sedimento y ya no puedes ver el fondo; solo hay lodo por todas partes, hasta que regresa la calma y el agua se asienta de nuevo.

A lo largo de mi vida, la ansiedad ha sido una compañera rara; juntas hemos tenido momentos muy *darks* y otros extrañamente luminosos. Comencé odiándola, como el clásico «cuando recién te conocí, me pareciste supermamona, pero ahora veo que eres poca madre». En este punto de mi vida de verdad la siento como una amiga: medio pesada, brutalmente honesta y ridículamente encimosa, pero amiga al fin.

Sé que es rarísimo lo que estoy a punto de decirte, pero **a veces siento que la ansiedad es la voz de mi alma:** la que susurra lo que en realidad quiero y necesito para ser feliz. Esa voz que me acompaña desde que nací y que ignoré cuando empecé a construir mi vida adulta. Fue la ansiedad la que me gritó el día de la crisis en el coche y la que me sacudió para cambiar mi vida. También fue ella quien me regresó a mi centro y me ayudó a reconstruirme poco a poco. Por ello, le estaré eternamente agradecida.

Elizabeth Gilbert, autora del libro *Libera tu magia,* habla sobre su relación con el miedo como si fuera su compañero de viaje, al que acepta en el coche, le da su lugar, e incluso le permite gritar. Aunque nunca, ni de chiste, lo deja decidir el camino, poner la música o manejar. Puede opinar, pero no manda. Es ella quien tiene el control.

Mi relación con la ansiedad es muy parecida. No trato de sacarla de mi vida ni de negar su existencia; ya no pretendo ni saber de dónde salió ni para qué llegó, **lo único que importa es mantener una relación sana entre las dos.** Ella en su espacio y yo en el mío. Juntas, pero no revueltas. Y, de preferencia, yo al volante.

¡Alto ahí, ansiedad! Te estoy viendo

Me lo preguntan mucho en redes sociales: «¿Cómo sé si tengo ansiedad?». Honestamente, no tengo la respuesta porque, con base en lo que he observado, es diferente para cada persona.

A mí me empieza en el cuerpo. Siento como si me estuviera recorriendo electricidad por las venas: un minihormigueo de los pies a la cabeza, con mayor intensidad en la zona del pecho. También experimento un calor muy extraño; no el calor que te da cuando te pega el sol, sino uno que surge desde adentro hacia afuera. Una vez mi mamá me platicó cómo sentía los bochornos de la menopausia y me pareció similar; ella dijo que era como si tu sangre hirviera y, al recorrer tu cuerpo, se te calentara la piel desde dentro.

Después surge la tensión en el cuello y los hombros. Tensar los músculos es una reacción fisiológica del *fight or flight,* que sirve para salir corriendo si es necesario. Se supone que dura lo mismo que la supuesta amenaza. No obstante, cuando contraes los músculos de manera constante, la relajación es cada vez menor, las fibras se inflaman y contracturan, lo que provoca pérdida en el rango de movimiento y dolor. Esto, desde luego, causa más estrés.

Si no atiendo estos primeros síntomas y le pongo un alto a la situación, ya sea con yoga, meditación o terapia, la ansiedad sigue creciendo y se mete en mi cabeza. Empiezo a ver el mundo desde una perspectiva muy negativa. Me vuelvo impaciente, irritable, malhumorada y catastrófica. Soy como el personaje de la caricatura a la que siempre le llueve, mientras que los demás están disfrutando del día.

Sé de muchas personas a quienes la ansiedad se les manifiesta a través de la digestión; les da gastritis, colitis, apendicitis y todas esas *itis* tan dolorosas y horribles. En el aparato digestivo hay más de 100 millones de células nerviosas que son controladas en su mayoría por el sistema nervioso central, el mismo responsable de la reacción de *fight or flight*. Cuando el cerebro manda la orden de peligro, todo el cuerpo reacciona al instante; en el caso de la digestión, eso significa que, al disminuir la presión sanguínea, llega menos oxígeno al estómago, y este a su vez produce mayor cantidad de ácido. Entonces, el esófago se contrae, se tensan los intestinos y, de forma literal, se te hace un nudo en la panza. Ahora imagínate que estás cargando con una bola de boliche metida en el cuerpo todos los días. ¡Uff! Con razón no te sientes bien.

Como te dije al principio, hay muchas maneras de experimentar estos procesos, pero recuerda que **no es lo mismo estar estresada que tener ansiedad. Y aunque una cosa te puede llevar a la otra, no es necesario que vengan juntas.**

Okey, Kali. Gracias por el cotorreo, pero no resolviste mi duda: ¿cómo sé si estoy ansiosa?

Puedes hacer este minitest

Lee con atención las preguntas y contéstalas con calma y de manera honesta en tu cuaderno mágico especial.

- ¿Qué tan seguido te sientes nerviosa «solo porque sí»?

- ¿Qué tanto le das vueltas a las cosas que te preocupan?

- ¿Dirías que tus pensamientos van en *loop* o se repiten de forma constante?

- ¿Sientes que te preocupas más que otra gente?

- ¿Eres capaz de relajarte si te lo propones o siempre estás a *full*?

- ¿Tienes tics nerviosos como mover las piernas sin control?

- ¿Tienes más momentos de impaciencia o irritabilidad que de normalidad?

- ¿Estás teniendo pensamientos catastróficos que antes no tenías?

Observa tus respuestas. ¿Qué te están diciendo sobre tu estado actual? ¿Surgió algo que no habías notado? ¿Cómo te sentiste al contestarlas? ¿Tranquila, como que no hay nada de qué preocuparte, o tensa, como que quizá es buen momento de abordar algo? Creo que tú sabes la respuesta. Confío en ti.

> *La mejor manera de obtener un diagnóstico sobre la ansiedad o cualquier otro padecimiento es acudiendo con un médico.*

Nada reemplazará jamás la opinión de un profesional de la salud. **Por eso es importantísimo recurrir a ellos si sientes que algo no está bien.**

La terapia, literalmente, salva vidas.

La idea de que ir a terapia es solo para gente loca o desequilibrada es una tontería. **La terapia, literalmente, salva vidas.** Es un espacio seguro en el que puedes hablar sobre las cosas que molestan y estresan sin sentirte juzgado, en presencia de una persona objetiva que puede ayudarte a ver tus problemas de otra manera y darte herramientas para resolverlos.

Para mí, la terapia es tan importante que, si yo fuera presidenta del mundo, la haría parte del currículo escolar desde primaria hasta la universidad. Después la ofrecería de forma gratuita a matrimonios, mujeres que han parido de forma reciente, personas en crisis de los treinta, los cuarenta, los cincuenta, los sesenta… O sea, terapia para todos todo el tiempo. ¡Yei! **Es igual de importante cuidar nuestra mente que cuidar de nuestro cuerpo.**

Nuestra asombrosa capacidad para reconstruirnos

Los seres humanos estamos hechos para evolucionar, cambiar, afrontar las dificultades que se nos presentan y superar obstáculos. Es parte de nuestro aprendizaje en esta vida. No conozco a una sola persona que no tenga nada que deba trabajar y a la que todo le fluya de maravilla.

Por citar algunos ejemplos, tengo una amiga hermosa y talentosa, pero con pésima suerte en el amor; otra que tiene una familia divina, un esposo que la adora y tres niños sanos y divertidos, pero se siente apagada en lo creativo; un conocido que tiene muchos negocios y una facilidad impresionante para hacer dinero, pero ha tenido que lidiar con la muerte muy de cerca, pues ha perdido a varios de sus seres queridos; una maestra inteligente, admirada y popular, pero que siempre está batallando económicamente. También estoy yo, que para

algunos tal parece que lo tengo todo, pero sufro del mal de «nunca es suficiente». Siempre hay algo.

Qué hueva y qué bendición. Imagínate que nacieras y vivieras sin que nada te ocurriera nunca. Claro, no te romperían el corazón ni perderías el trabajo de tus sueños; sin embargo, tampoco te enamorarías ni descubrirías tu pasión. Todas las cosas pasan por algo. Hasta las flores tienen cosas que superar: un día están alimentando colibríes en un campo y al siguiente, ¡pum!, son parte de un arreglo para el Día de las Madres y morirán en menos de una semana.

Es justo por todo esto que yo ya me rendí, pero no de la forma que imaginas. Me di cuenta de que la vida perfecta no existe y que vivir fingiendo que la mía lo era me llevó a una crisis existencial, así que decidí tomar un nuevo *approach*: dejar de nadar a contracorriente y aprender a flotar y surfear las olas cuando se presentan.

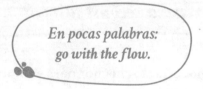

En pocas palabras:
go with the flow.

La vida continuará, las situaciones no ideales seguirán ocurriendo y el estrés permanecerá. El bueno y el malo, el *light* y el *full*. No podemos controlar todo lo que ocurre a nuestro alrededor. Siempre habrá situaciones que nos rebasan, pero en cada una de nosotras está la capacidad de buscar el equilibrio entre lo que nos da *rush* y lo que nos da paz. El acelerador y el freno de nuestro coche. Acuérdate de que tú estás manejando, tú tienes el control de los pedales.

Déjate
fluir.

Pequeño ejercicio, grandes resultados

Depura tus actividades

1. Toma tu cuaderno mágico especial y, en una columna, haz una lista de todas las actividades que realizas de manera habitual. Incluye todo lo que haces desde que te despiertas hasta que te duermes. Menciona las cosas importantes y también las que parecen insignificantes.

2. Haz otra columna y califica cada una de ellas en una escala del uno al 10, con base en el estrés que te causan. Uno es una cantidad mínima y 10 es la máxima.

3. Observa bien tus columnas. ¿Hay muchas que tienen calificación alta? ¿Estás haciendo demasiado en tu día? ¿Hay cosas que puedes eliminar de tu lista sin que se caiga el mundo? Sé sincera, aprende a soltar y a delegar. La parte más importante de hacer esta limpieza es reducir el estrés en tu vida.

Ritual transformador

una conversación con tu ansiedad

Siéntate frente a un espejo y observa tu rostro de cerca. Al principio tu mente tendrá muchas distracciones: seguro nota tu ceja crecida, los poros de tu piel, opina sobre tus facciones y mucho más; no obstante, en algún punto se cansará y podrás llevar la atención a tus ojos. Mírate fija y profundamente, ahí estás tú contigo. Pregúntate en voz alta: ¿qué me provoca ansiedad? Cierra los ojos y escucha la respuesta con atención. Anótala. Recuerda que la ansiedad es una forma en la que tu subconsciente está tratando de comunicarse contigo y darte pistas de lo que necesitas cambiar. Si tú y tu ansiedad se hacen amigas, ella empezará a confiar más en ti y cada vez te contará más cosas.

3

Todo va a
estar bien,
y si no,
también

Algo que he aprendido en mis 38 años de vida es que somos más resistentes de lo que pensamos. ¿Cuántas veces hemos sentido que estamos a punto de caer al precipicio y al final no pasa nada? **Lo más interesante es que, cuando sucede lo peor que pudimos haber imaginado, aun así no nos pasa nada.** Es increíble la cantidad de cosas que somos capaces de aguantar y superar, el problema es que muchas veces no nos la creemos. El divorcio de tus papás, la vez que te rompieron el corazón en mil pedazos, cuando te quedaste sin chamba por culpa de una pandemia, la depresión en la que viviste por años... Has sobrevivido a todo, y lo sé porque, de no ser el caso, no estarías leyendo este libro.

La vida no siempre es color de rosa; en realidad, muchas veces es más cafecita verde color vómito, o sea, no como la planeamos. Sin embargo, eso no significa que todo está podrido y no vale la pena vivirla. De hecho, creo que esa ilusión de que todo siempre debe salir como lo planeamos y ser perfecto es lo que más daño nos hace. Si no tuviéramos expectativas tan altas quizá seríamos mejores *fluyendo* con el universo.

En la terapia psicocorporal hay una frase muy buena que dice «observa y permite». En mi interpretación, se trata de soltar el control, las expectativas, las exigencias, y ver las cosas que ocurren en tu vida desde otra perspectiva. **Pelear menos contra lo que sucede y aceptar más lo que es.** Entender que hay cosas que dependen de nosotras y otras que suceden fuera de nuestro control, ya sea un virus que nos obligó a encerrarnos en casa, una crisis económica, un momento histórico o cosas mucho más etéreas como las fases de la luna, la alineación de los astros, los acuerdos energéticos de nuestros ancestros y el karma.

Existen tantos posibles culpables que prefiero pensar que hay cosas que simplemente nos toca vivir y no tienen explicación, o tienen todas las explicaciones al mismo tiempo.

En lugar de gastar toda esa energía en evitar que el mundo siga su curso normal y errático (pues la única constante en la vida es el cambio), tiene más valor enfocarnos en nuestro interior, al que sí podemos modificar a nuestro antojo. Como dice el autor Wayne Dyer: «Si cambias tu manera de ver las cosas, las cosas que ves, cambian», y eso está bien padre.

Abraza tu lado oscuro

Así como en *Star Wars*, todos tenemos un lado oscuro. Dentro de cada una de nosotras vive un mini Darth Vader que nos recuerda que no somos todas luz y felicidad. Cuando hablo del lado oscuro me refiero a emociones y cualidades que desearíamos no tener o que nos avergüenzan. Mi lado oscuro, por ejemplo, se llama autoexigencia. Dentro de mí vive un soldado mala onda que me despierta temprano, me obliga a tender la cama a la perfección, me ejercita bajo el sol y no me deja descansar un segundo del día. Un soldado al que además tengo que ponerle mucha atención para que no trate de dominar a las personas que me rodean.

> *El dark side de cada persona es diferente.*

El tuyo puede ser la sensibilidad, agresividad, informalidad o procrastinación; seguro lo conoces, o al menos sospechas de qué se trata, pero si quieres explorarlo, te compartiré un ejercicio que saqué del libro *Los buscadores de Luz,* de Debbie Ford.

> ## *Imagina que un reportero escribirá un artículo sobre ti.*
>
> Piensa en cinco cosas que no te gustaría que se supieran de ti y en cinco cosas que sí quisieras que se mencionen. Cuando tengas las diez cosas identificadas, anótalas en tu cuaderno mágico especial y obsérvalas. ¿Las que no quieres que se sepan son cosas que consideras malas, y las que sí son las que consideras buenas? ¿De verdad son tan buenas y tan malas como las percibes? ¿De dónde viene ese juicio?

Es importante que respondas a cada una de las preguntas, pues cuestionar nuestras creencias y las etiquetas que le ponemos a esas «cualidades» y «defectos» resulta fundamental para empezar a integrar todas nuestras partes. No te mentiré: **reflexionar sobre los aspectos que no nos gustan de nosotras mismas es un trabajo difícil y parece una mejor idea ignorarlos y continuar con nuestra vida.** El problema está en que esas partes de quienes somos no se irán a ningún lado porque, como seres humanos, la dualidad es parte de nuestra naturaleza.

> *Tener la capacidad de verte y aceptarte en tu totalidad es el primer paso para amarte.*

«Si cambias tu manera de ver las cosas, las cosas que ves, cambian».

—Wayne Dyer

Aprende de los errores

Seamos honestas: **todas nos equivocamos, ya sea por tomar malas decisiones o sin querer, pero sucede.** Puedes estar tranquila sabiendo que no eres la única que ha hecho cosas que tal vez no fueron las ideales.

Yo he cometido errores en todas las áreas de mi vida. Hice tonterías como cortarme yo misma el fleco (resulta que es más difícil de lo que parece en YouTube), arruinar toallas y sábanas con mis múltiples tintes de pelo, echarme en reversa sin ver un árbol y romper el vidrio del coche, hasta cosas un poco más permanentes, como hacerme tatuajes que ya ni me gustan, o invertir en proyectos que no valieron la pena. Eso sin contar todo lo que he hecho mal en mi matrimonio y como mamá, situaciones que, de todo corazón, espero que se pierdan un poco entre las cosas que sí hice bien.

Errar es lo más humano que hay, pero en algún momento de la historia, el perfeccionismo se apoderó de nosotras y empezamos a ver nuestros tropiezos como lo más grave del universo. Lo chistoso es que, si platicas con alguien sobre lo que consideras tus grandes errores, seguramente para la otra persona no se trate de algo tan grave. De ningún modo quisiera minimizar lo que es importante para ti; más bien busco invitarte a que tomes un poco de distancia de ello y entiendas que nada es personal, ni siquiera lo que nos hacemos a nosotras mismas.

El problema es que tendemos a quedarnos atoradas en lo que hicimos mal, reviviendo en nuestras cabezas lo que pasó y lo que pudimos haber hecho diferente, tanto así que muchas veces **las lecciones que pudimos haber aprendido de la metida de pata se nos escapan** y lo único que nos queda es el mal sabor de boca, el sentimiento de fracaso, la culpa o el arrepentimiento.

Para mí todo se resume a unas cuantas preguntas: ¿qué aprendí sobre esta situación? ¿Qué me enseñó sobre mí misma? ¿Qué haré diferente la siguiente vez? Al responder estas cuestiones consigo integrar la experiencia, aceptar el aprendizaje y ver con claridad el significado e importancia que tuvo lo ocurrido en mi vida.

Ejercicio

Recuerda el último error que cometiste y haz una lista en tu cuaderno mágico especial como respuesta a cada una de estas preguntas:

- ¿Qué aprendí sobre esta situación?

- ¿Qué me enseñó sobre mí misma?

- ¿Qué haré diferente la próxima vez?

Verás una perspectiva distinta, más amplia y consciente, de lo que ese error implica en realidad para ti.

Sé que voy a seguir cometiendo errores (*spoiler*: tú también) y en parte me da flojera y quisiera no cometerlos jamás, pero también sé que así es este rollo. He concluido que prefiero mil veces equivocarme viviendo plenamente que solo existir y tener la vida de una planta en la que no pasa nada. Como verás a continuación, siempre hay un rayito de luz en medio del caos.

Aprender a ver la luz dentro de la oscuridad

Seamos honestas otra vez: hay momentos en los que nos está cargando el payaso. Recuerdo un día en el que la chica que trabajaba ayudándonos en la casa no llegó, se me hizo tarde para llevar a los niños a la escuela y se me ponchó una llanta rumbo al trabajo. Cuando por fin llegué, me veía destruida y me salió todo mal, se me bajó el azúcar por no comer y casi me desmayo. Me llamaron de la escuela de mi hija para decirme que le había dado fiebre y tenía que ir por ella. Me atoré en una manifestación y llegué tarde a la otra escuela para recoger a mi hijo. Cuando llegamos a casa, la gata se había muerto.

Todas hemos tenido días así, y a veces se convierten en meses o en años completos. Sé que es raro que te diga que, incluso en el peor momento, hay algo positivo que también está sucediendo. **Cuando nos sumergimos en la oscuridad y la tragedia es muy difícil ver lo demás,** como cuando te corrieron del trabajo y te dio un bajonazo, pero no te diste cuenta de que tener tiempo libre te daba la oportunidad de retomar la pintura o ir a la clase de yoga. O cuando terminaste con tu pareja porque te puso el cuerno y te apoyaste en las amigas, con lo cual se volvieron más cercanas que nunca. La vida está llena de situaciones blancas, negras y grises, y muchas veces son las mismas.

Aceptar que habrá malos momentos es el primer paso hacia la paz mental. **Los retos y obstáculos hacen que nuestra vida sea interesante.** Cuando estás pasando por una mala racha, lo más importante es saber que nada es eterno y que todo pasará. Cuando pase, estarás del otro lado, triunfal, chingona y *survivor* como Beyoncé. Yo suelo decir que mi crisis fue un regalo, y obviamente cuando lo hago, quien me escucha me mira con cara de que estoy loca. Lo digo en serio, haber pasado por un momento tan duro me hizo replantear todos los aspectos de mi vida y priorizar mi salud física y emocional, haciéndome la mujer que soy hoy. Por lo tanto, claro que estoy agradecida. Sin esa oscuridad no hubiera ido en busca de la luz. Por supuesto, el agradecimiento vino después; mientras atravesaba por esa etapa difícil, la pasé fatal. Aunque te quiero confesar algo: muchas veces pensé en la delicia que era estar tirada en la cama sin hacer nada ni tener que cumplirle a nadie. ¿Viste? Lo bueno dentro de lo malo. Búscalo, te prometo que siempre hay algo.

¿Cómo chingados pasamos de aferrarnos a nuestro plan A, a aceptar que en ocasiones el plan B, C o incluso F es lo que nos toca?

- **Mira las cosas como son.** No te hagas bolas y trates de ponerle etiquetas de bueno, malo, mágico o trágico a lo que estás viviendo. Muchas veces, cuando la vida nos avienta una pelota en curva, lo primero que hacemos es decir «¡ay, esto no me lo esperaba!». Tómate un momento para levantarte y recuperar el aire y, cuando estés lista, pregúntate: «¿Qué fue lo que pasó? ¿Dónde estoy? ¿Qué me llevó a este punto?».

- **No te tomes las cosas personales.** Sé que a veces se siente como que el universo está conspirando en tu contra y que toda tu vida es una tragedia. Tienes la impresión de ser el personaje de las caricaturas que camina con una nube negra y lluviosa encima, mientras que los demás están viviendo felices bajo el sol. No te engañes, todos tenemos malos momentos. Repite conmigo: «El universo no tiene nada en contra de mí».

- **No confundas aceptación con conformismo.** La aceptación es ser realista sobre el lugar en el que estás parada; el conformismo ocurre cuando decides quedarte ahí para siempre, aun cuando no te hace feliz. Acepta tu presente, pero no te canses de hacer planes.

- **Relájate.** Cuando las cosas no salen como las planeamos, tendemos a estresarnos; si eso pasa, actuamos de maneras erráticas y poco claras. Respira, medita, ríe y, cuando te sientas más tranquila, poco a poco puedes empezar a planear tu siguiente movida.

- **Dales su lugar a los retos.** Te lo aseguro: si todo saliera bien en tu vida y nunca tuvieras obstáculos para superar, te aburrirías y no aprenderías muchas lecciones que te tocan. Recuerda que parte de vivir es sobrevivir.

- **Piensa en los finales como un principio.** Así como el punto más oscuro de la noche es justo antes del amanecer, tienes que cerrar una puerta antes de abrir la otra. Terminar relaciones, dejar trabajos, mudarte de ciudad, vender tu casa: todo final viene seguido de un principio. No te enfoques en lo que estás dejando atrás, sino en lo que está por llegar.

- **Tómate la vida con humor.** Sé que muchas veces es difícil soltar una carcajada mientras estás en medio de una tragedia personal, pero estoy casi segura de que eso es justo lo que tu alma necesita. Júntate con una amiga, mira una peli chistosa o solo date cuenta de lo absurda que es la vida: tan cómica y ridícula disfrazada de tragedia.

La verdad es que, aunque a veces no lo creas, puedes sobrevivir a lo que sea, el secreto está en dar un paso a la vez. No tienes que resolver todo al mismo tiempo ni tener planeados los pasos que vas a seguir en el futuro. De hecho, cada vez me convenzo más de que no sirve de mucho pensar demasiado en el mañana, en las actividades, los planes y la vida porque, como seguro ya te has dado cuenta, esto puede cambiar en un segundo. La clave está en mantenerte consciente y presente. Con eso te aseguro que todo estará bien... y si no, ya lo irás resolviendo.

El efecto ave fénix

> *El hombre que se levanta es aún*
> *más fuerte que el que no ha caído.*
> —Viktor Frankl

En la mitología griega se habla de un pájaro que se consumía en el fuego y moría, pero era capaz de resurgir de sus propias cenizas. Cuando le llegaba la hora de morir, hacía un nido de especies y hierbas aromáticas, ponía un único huevo, que empollaba durante tres días; al final del tercero, ardía. El fénix se quemaba por completo y, al reducirse a cenizas, resurgía majestuoso desde su propia destrucción.

En el libro *Símbolos de transformación*, Carl Gustav Jung nos explica que el ser humano y el ave fénix tienen muchas similitudes. Tanto el fénix como nosotros tenemos una capacidad admirable para renovarnos, recobrar el aliento, recuperar las ganas y adquirir fortalezas a partir de nuestras malas experiencias y miseria. De verdad somos mucho más fuertes de lo que pensamos.

«El hombre
que se levanta es aún
más fuerte que el que
no ha caído».

-Viktor Frankl

Todas las personas en el planeta tenemos dificultades; no hay un solo individuo que tenga la vida ideal y resuelta. En este preciso instante hay alguien declarándose en bancarrota, reprobando un examen, dejando atrás un matrimonio abusivo, visitando a un hijo en la cárcel, siendo diagnosticado con una enfermedad terminal, viviendo en depresión. No obstante, el hecho de que pasemos por esos momentos no significa que así nos quedaremos para siempre: son solo eso, momentos, y, por definición, tienen un principio y un final.

«Esto también pasará»
es mi mantra favorito.

Lo pienso todos los días a todas horas. No porque quiera ponerle *fast forward* a cada momento, sino porque me recuerda que nada es para siempre, y que tanto lo bueno como lo malo es pasajero. Por lo tanto, **lo mejor es mantenerse en el presente y vivir el** *aquí y ahora.*

Si, al igual que yo, con frecuencia sientes que estás down y no sabes cómo empezar a salir del agujero negro, te comparto mis técnicas favoritas:

- **Encuentra un lugar seguro para sentirte escuchada.** A mí me gusta mucho ir a terapia psicológica, pero hay muchos espacios que sirven para darte contención emocional según lo que estés viviendo. Desde hablar con tu mejor amiga, unirte a grupos de Facebook o comunidades en línea, encuentros con chamanes, juntas de Alcohólicos Anónimos o hasta terapias de tanatología. A los humanos nos hace bien sentirnos parte de una comunidad, decir nuestra verdad y sabernos escuchados.

- **Avanza un paso a la vez.** Todo camino empieza con dar un paso, incluso salir de la oscuridad. No te castigues ni te presiones por sentirte mal. Todo es un proceso, y aceptar que lo que estás viviendo forma parte del tuyo resulta importantísimo. Decide una cosa que quieres hacer cada día para sentirte mejor.

- **Limita a tu crítica interna.** Por desgracia, vivimos escuchando todo lo que nuestra peor enemiga (nosotras mismas) tiene que decir. Pero eso no significa que tengamos que darle importancia a todo lo que escuchamos. Defiéndete como si estuvieras defendiendo a tu mejor amiga, no te dejes de ti misma. Acuérdate de que nadie es perfecto y que todas estamos haciendo lo mejor que podemos con lo que tenemos.

El hecho de que las cosas no estén fluyendo como las planeaste, o que hayas cometido algún error, no quiere decir que eres un fracaso. Somos seres humanos y todo lo que nos pasa es parte de nuestro aprendizaje. Inhala profundo y empieza a levantarte.

Si lo crees, lo creas

Lo que te diré a continuación va a sonar increíblemente cursi, pero es verdad: todo lo que crees lo puedes hacer realidad. Si tu sueño es ser actriz, bailarina, abogada, astronauta, mamá, tener un amor de película, ser una inspiración para otras personas, de verdad puede suceder. También puede pasar que te quedes estancada y vivas una vida que no te hace feliz, si crees que eso es lo que «te tocó».

El poder de la manifestación funciona en ambas direcciones, para cumplir tanto tus sueños como tus tragedias, así que ten cuidado con lo que imaginas.

A todos nos encantan las historias de éxito y superación: el futbolista de fama internacional que creció en las favelas de Brasil, la modelo que fue descubierta en una comunidad aislada en África, el actor que se hizo famoso después de los 43 años. Existen tantas de estas historias a nuestro alrededor que tendríamos que sentirnos inspiradas y con ganas de perseguir nuestros sueños, sean cuales sean.

Te confieso que, aunque ser rica y famosa me suena a planazo, lo que yo quiero de mi vida es muy distinto. Quizá tengo metas más personales, como llevar una relación de pareja saludable y sincera, apoyar a mis hijos para que crezcan sintiéndose libres y amados, reír y tener conversaciones de valor, estudiar cosas nuevas y compartir contigo lo que he aprendido.

> *No me parece que todas nuestras metas tengan que apuntar; a la estratósfera; de hecho, no tienen que apuntar hacia ningún lado en particular. Lo importante es que nos hagan felices y nos sepamos capaces de lograrlas.*

Descubrir cuál es tu misión en la vida, lo que te hace feliz, lo que necesitas hacer para lograrlo y empezar a caminar en esa dirección es una labor compleja y a veces cansada. Con altos, bajos y todo tipo de retos, es un camino necesario, un viaje que vale la pena emprender si de verdad quieres vivir la vida de tus sueños. Y créeme, sí quieres.

Convierte los errores en aprendizajes

Vamos a retomar el ejercicio que hicimos al principio de este capítulo sobre el último error que cometiste. Amplíalo a todas esas cosas, esos errores o situaciones difíciles que sientes que te han perseguido por años, para que puedas verlas de otro modo y quizá hasta agradecerles por haber sido parte de tu camino.

1. Piensa en un GRAN error del pasado y anótalo en tu cuaderno mágico especial. Incluye la mayor cantidad de detalles posibles, tanto externos como internos; o sea, cómo te sentiste durante el proceso y cómo lo sobrellevaste de principio a fin.

2. Ahora haz la misma reflexión en torno a otras situaciones difíciles que hayas enfrentado en el pasado y anota los puntos clave. Puedes hacer una tabla como esta:

Error o situación difícil del pasado	Cómo le hice para sobrellevarlo

3. Pregúntate:

- ¿Qué aprendí de estas dificultades?

- ¿Qué me enseñaron sus procesos sobre mí misma?

- ¿Quisiera no haber pasado por ello o hay algo que rescato y agradezco? ¿Qué es?

4. Escríbele una pequeña carta a la situación o persona que responde a esa última pregunta y dale las gracias por todo lo que te enseñó e hizo por ti. No tienes que enviarla si no quieres, este es un proceso de ti para ti.

Ritual transformador

el perdón por tus errores

Para este ritual vas a necesitar:

- Una veladora de cristal. Lo ideal es que la vela sea blanca, ya que el color blanco está asociado con limpiar y purificar las energías negativas.
- Un cuarzo rosa. Nos brinda sanación para las heridas del corazón y es útil para perdonar y aceptar. Además, nos conecta con la paz y la calma.

Siéntate en un lugar tranquilo, haz un pequeño ejercicio de respiración para calmar tu mente y traerte al presente. Enciende tu veladora y ponla sobre una mesa o en el piso frente a ti. Observa la llama y el poder transformador del fuego. Cuando te sientas en sintonía con la vela, toma el cuarzo con tu mano no dominante (la izquierda si eres diestra o la derecha si eres zurda). Mantén tu respiración lo más tranquila y profunda posible y di: «Veo y me hago responsable por los errores que cometí, tomo los aprendizajes que surgieron de ellos y suelto lo que ya no me es útil ni necesario cargar».

Repite esta frase varias veces en voz baja mientras observas la llama de la vela y sostienes el cuarzo. Cuando sientas que ya es suficiente, cierra los ojos, inhala profundamente por la nariz llenando tus pulmones de aire y exhala por la boca; libera tanto tu cuerpo como el peso energético de lo que estás cargando.

4

Nuevas metas: alinea tus intenciones y acciones

Te seré honesta: nunca me hubiera imaginado que escribiría un libro sobre cómo me fui a la fregada. Si hace unos años alguien me hubiera dicho que más adelante iba a poder hablar abiertamente sobre mi caída y el desmoronamiento de mi vida en redes sociales, que daría pláticas e incluso impartiría cursos, nunca le hubiera creído. Y es que antes de esto siempre fui muy discreta con mis procesos personales. La típica «aquí no pasa nada, todo bien, gracias por preguntar».

Después de varios años y daños, me convencí de que solo compartiendo nuestras heridas podemos empezar a sanarlas, y que quizá también es una buena forma de ayudar a las demás personas que están en situaciones similares.

Ya hemos hablado de las crisis, del estrés y de los errores que cometemos; ya tenemos muy claro cómo se dan las caídas. Pero **¿qué hay de las levantadas, de los nuevos comienzos y las reinvenciones?**

Ahora viene lo bueno. En esta parte del libro te compartiré mis técnicas para encontrar tu centro, poner en orden tu mente, cuerpo y entorno. Hablaremos sobre meditación, amor propio y la habilidad para eliminar de tu vida lo que no necesitas y darte espacio y claridad. Todo esto con la finalidad de que poco a poco te vayas encontrando y empoderando, y así construir una vida que de verdad disfrutes y te haga feliz.

Para ello, lo primero que debemos abordar es el poder de la intención, la base de todo.

En el principio de todos nuestros sueños y planes hay una intención. Es la fuerza creativa que se convierte en lo que queremos lograr, ya sea material, física, amorosa, económica o espiritualmente. Y aunque suene medio hippie come flores (lo cual soy, por cierto) lo voy a decir: todo lo que pasa en el universo nace de una intención.

Mover los dedos de los pies, levantarte, ponerte ropa para hacer ejercicio, mandarle un mensaje a tu amiga, renunciar a tu trabajo o empezar la búsqueda del amor de tu vida. ¡Adivinaste! Hay una intención detrás de todo ello.

Visto de una manera muy práctica y simple, la intención es el propósito de lograr algo. En un sentido más profundo, es la semilla de la que surge lo demás. Y, como bien sabes, no todas las semillas germinan. De hecho, hay muchas que se quedan enterradas para siempre y otras que mueren al instante. Sin mencionar las que son devoradas por los pájaros.

Desde un punto de vista yóguico, los Upanishad (textos sagrados védicos) dicen:

> *Eres tu deseo más profundo. Lo que deseas es tu intención. Como es tu intención es tu voluntad. Como es tu voluntad son tus acciones. Como son tus acciones es tu destino.*

Esto quiere decir, por ejemplo, que si tu deseo más profundo es vivir una vida plena y larga, tu intención es ser más saludable. Tu voluntad es comer más nutritivo y hacer ejercicio. Tus acciones son comer frutas y verduras y salir a correr. Y así, tus acciones marcan tu destino. ¡Tarán!

Tus acciones marcan tu destino.

Pero las cosas no son tan simples. Seguramente te has dado cuenta de que una cosa es desear que algo ocurra y otra por completo distinta es tener la voluntad de llevarla a cabo. Es en este punto en el que debemos que ser sinceras: ¡la intención no es lo que cuenta! Cuentan las acciones. Bueno, fui muy drástica; la intención es el primer paso y la acción es lo que la concreta, pues antes de empezar a caminar es importante saber en qué dirección quieres moverte.

Mencionaré un ejemplo. Hubo una época en la que yo tomaba mucho alcohol; el ron y yo éramos uno mismo. Todos los domingos, cuando abría los ojos con una cruda espantosa, decía que ya no iba a beber. Pero ya para el jueves me daba sed y un fuerte antojo de tomarme una cubita. Así, me olvidaba de mi gran promesa.

No fue sino hasta que empecé a interesarme en la nutrición y el ejercicio que decidí que mi amor por el alcohol fuerte mezclado con refresco no era congruente con mi deseo más profundo: tratar mi cuerpo con respeto. En ese momento me fijé la intención de dejar de beber. Primero cambié al vino y a la cerveza, pero también los dejé con el tiempo. Claro que requirió de mucha fuerza de voluntad, pero estaba decidida y lo logré. No te cuento esto con el propósito de darte una cátedra sobre el abuso del alcohol, sino más bien para dejar claro que no es lo mismo prometernos cualquier cosa que reconocer nuestros deseos más íntimos y, entonces, alinear nuestras acciones con ellos para que se cumplan.

Seguro te ha pasado que quieres lograr algo, se te presentan obstáculos, decides trabajar duro para superarlos y al final consigues lo que deseabas. Como cuando te querías ir de viaje con tus amigas a la playa, pero no tenías dinero. Entonces, tuviste que trabajar un poco más para incrementar tus ingresos. Además, recortaste gastos innecesarios, evitaste ir al centro comercial cuando estaban los descuentos de fin de temporada y decidiste que no valía la pena salir de fiesta todos los fines de semana. Con un poco de esfuerzo y algunos sacrificios, lograste juntar el dinero que necesitabas. Te fuiste a la playa con las chicas y la pasaron como nunca en la vida.

En ese escenario, tu deseo profundo es estar con tus amigas, tu intención es irte de viaje, tu voluntad es ganar más dinero del que gastas y tus acciones son priorizar tus gastos y no caer en la tentación de las ofertas de fin de temporada.

Por ejemplo, cuando todavía era Superwoman, le decía sí a todo y a todos. Ayudar a decorar la casa de mi amiga para el cumple de su suegra, cocinar la cena de Navidad yo sola, llevar a mis hijos y sus diez amigos al cine. Sí a todo. Pero ahora que mi deseo profundo es vivir una vida más tranquila, tuve que dejar atrás esas acciones automáticas que hacía por complacer a los demás y reemplazarlas por las que van con la nueva yo. Eso se traduce más o menos así: mi deseo profundo es vivir en paz, mi intención es que mis días no se saturen de actividades, mi voluntad es mantenerme fiel a esta nueva vida y mis acciones son ser realista con lo que puedo y no puedo hacer y poner límites a quienes me rodean para no terminar haciendo todo por todos nuevamente. Tan-tan. ¿Sencillo? Más o menos. ¿Fácil de sostener? Para nada. Pero vale la pena.

Tus deseos más profundos

Algunas personas nacen con una claridad envidiable sobre sus deseos, sus talentos y su destino. El resto de los simples mortales tenemos que **descubrirlos**.

Yo era miembro del segundo grupo. Antes de ser la mujer centrada y decidida que soy ahora #SíTú, estaba perdida en el espacio. Por eso dediqué muchas horas de mi vida a leer y estudiar distintas técnicas

con el propósito de encontrarme; todo ello con la esperanza de descubrir cuáles eran mis grandes deseos. Desde luego, me falta mucho por recorrer, pero en los últimos años he adquirido más claridad sobre mi camino. Esto me ha ayudado a establecer mis intenciones y mantenerme coherente con las acciones que hago día con día.

Algunas de las herramientas que más me han servido para descubrir mis deseos son las siguientes:

- **Ve a tu niñez.** Recuerda lo que querías ser de niña. ¿Bailarina de ballet?, ¿astronauta?, ¿probadora de helados profesional?, ¿cuidadora de caracoles?, ¿reina de corazones? Antes de que los adultos te dijeran cuáles de tus sueños eran válidos y cuáles era mejor dejar en el mundo de fantasía ¿cómo te visualizabas?

- **Determina lo que no quieres ser y hacer para ayudarte a descubrir lo que sí quieres.** Suena muy negativo clavarse en lo que no te gusta, pero es una buena forma de eliminar lo obvio. Si reconoces que no quieres trabajar en una oficina, por ejemplo, significa que tus deseos no están en sintonía con el tipo de trabajo que se hace en oficinas. Si no quieres tener hijos, entonces habla con tu pareja para asegurarte de que su deseo máximo en la vida no sea ser padre. Si prefieres que la gente no te voltee a ver, no te pintarás el cabello de arcoíris y te raparás un lado… o sí, aunque seguro tendrás una que otra mirada encima. Te lo digo por experiencia.

Identifica qué te provoca envidia. La envidia y los celos son una cosa extraña porque, por un lado, es feo sentirlos, pero por otro, te muestran información muy útil. Nuestra mente consciente no siempre tiene la capacidad de saber lo que quiere y, cuando vemos las cosas por fuera, tendemos a reaccionar ante ellas de una manera u otra sin entender muy bien el por qué. Cuando ves la vida de otras personas algo se mueve en ti... o no. Estar celosa de alguien es una señal de que una parte de ti desea lo que ella tiene. A mí, por ejemplo, nunca me han dado envidia los doctores. Sé que les va bien económicamente y que son pilares importantes en la sociedad; de hecho, agradezco todo el tiempo que haya personas que dedican su vida a curar a los demás, pero sé con certeza que no es mi camino. En cambio, cada vez que veo una foto de una bailarina de ballet me dan celos. Me hubiera encantado tener esa formación, gracia, flexibilidad, disciplina, y pasar mis días en un tutú. En mi caso es bastante claro: mi deseo tiene que ver con los logros físicos.

Reconoce lo que te da mucha curiosidad, pero parece inalcanzable. No es lo mismo cuando algo no te llama la atención, que cuando una parte de ti se intriga, pero tu mente lógica te dice que no lo puedes hacer. Como el ayuno intermitente de cinco días que hizo tu amiga, o la clase de actuación que viste anunciada. La idea te aterra, pero algo de ella te atrae. Muchas veces, nuestras limitaciones más grandes vienen de nosotras mismas, ¡pum!

Inspírate. Rodéate de personas que están viviendo vidas que las hacen felices. Así como la depresión y el pesimismo son contagiosos, las ganas de salir adelante también lo son. Puede ser tu prima que dejó un trabajo estable para viajar por el mundo, tu exjefe que se salió de la empresa para abrir su propia oficina, tu mamá que, después de 20 años, redescubrió su pasión por bailar salsa. Ver que la gente a tu alrededor descubre sus pasiones y deseos puede inspirarte para ir en busca de lo que a ti te mueve.

Deja de hacer. Sé muy bien que si te digo que canceles todas tus actividades durante una semana, responderás que es imposible. Nuestras vidas están tan llenas que la sola idea de ponerlas en pausa nos causa ansiedad. No obstante, cuando te tomas un *break*, dejas de vivir en automático y puedes darte cuenta de qué es lo que en realidad quieres hacer con tu tiempo.

Escribe. La autora Julia Cameron explica en su libro *El camino del artista* que todos nuestros deseos ya están dentro de nosotros, y que una buena forma de invitarlos a salir es a través de un ejercicio que ella denomina «páginas matutinas». Este consiste en que, todos los días, al despertar y antes de hacer cualquier otra cosa, escribas en un cuaderno lo que se te viene a la mente. Lo que sea. Ahí, entre toda la información que salga, descubrirás partes de ti que estaban ocultas en tu subconsciente, incluidos tus miedos y deseos más íntimos.

Medita. Otra manera de descubrirnos es por medio de la introspección. No hay mejor forma de hacerlo que cerrando los ojos y poniendo nuestra atención en la respiración. En la vida cotidiana, nuestra cabeza tiende a estar en todas partes: deseos, recuerdos, emociones, anhelos, redes sociales... Cuando le ponemos pausa a todo lo que está ocurriendo, le permitimos a nuestro interior comunicarse con nosotras.

Estas herramientas te ayudarán a descubrir quién eres. En cuanto lo sepas, podrás ver cuáles son tus deseos más profundos e íntimos. Saber lo que quieres es el primer paso para poder fijarte intenciones significativas. Con eso en claro, serás capaz de decidir qué acciones necesitas llevar a cabo para conseguir tus metas y concretar tus intenciones en logros. Quizá sea dedicarle más tiempo a entrenar, mudarte a la ciudad donde está la firma en la que quieres trabajar, salir menos y enfocarte en pintar, inscribirte a cursos en línea.

Solo tú sabes qué pasos te llevarán hacia la dirección de tus sueños.

Te propongo realizar el siguiente ejercicio para fijar tus intenciones, decidir qué acciones tomarás y qué quieres lograr. En la primera línea te pongo un ejemplo. Dedica un apartado de tu cuaderno mágico especial a una tablita como esta para que se vuelva una práctica cotidiana. Es una buena forma de mantenerte enfocada.

Intención	Acción 1	Acción 2	Acción 3	Logro
Dibujar	Comprar materiales	Hacer bocetos	Dedicar una hora al día a dibujar	Hacer un cuadro para mi casa

Si alineas tus intenciones con tus deseos más profundos, estas actividades no se sentirán como tareas sino como el camino que debes recorrer para lograr tus sueños. Yo, por ejemplo, siempre he querido aprender a pararme de manos; para ello sé que tengo que entrenar la fuerza de mis hombros, fortalecer mis muñecas y dedicar al menos tres horas a la semana a practicar. Mi logro será un parado de manos derecho y sin soporte. Cuando lo consiga, obviamente me tomaré mil fotos y se lo presumiré al mundo. Y ya que andamos en ese tema, se supermegavale gritar a los cuatro vientos cuando logras algo así, al igual que es válido no decirle a nadie y dejar que sea una experiencia personal.

Antes de empezar a caminar es importante saber en qué dirección quieres moverte.

La importancia de estar agradecidas

Hemos estado hablando sobre el poder de tu intención y de enfocarte en lo que quieres lograr; sin embargo, antes de seguir soñando con la vida que tendremos en el futuro, creo que es importante observar lo que ya tenemos y logramos en el presente. Es una manera de honrar lo que la vida ya nos ha dado y reconocer nuestra capacidad de creación. Si nuestros logros son las frutas y nuestras intenciones las ramas, el agradecimiento es el tronco que lo sostiene todo.

La gratitud es una apreciación por lo que recibimos del universo, en formas tangibles o intangibles. **Es la manera en que nos enfocamos en las cosas buenas de nuestra vida y en la que reconocemos las innumerables fuentes de bienestar en nuestro entorno.** Es también una forma de sentirnos conectadas a otras personas, a la naturaleza y a lo divino.

El doctor Robert A. Emmons, de la Universidad de California, y el doctor Michael E. McCullough, de la Universidad de Miami, son dos de los psicólogos más influyentes que han estudiado a fondo el efecto de la gratitud en nuestro bienestar. En uno de sus estudios más recientes, pidieron a tres grupos de personas escribir algunas frases. El primer grupo tenía que escribir sobre las cosas que les habían ocurrido durante la semana por las que se sentían agradecidos. El segundo debía anotar las cosas que los habían irritado en su día a día. El tercero tenía que hablar sobre los eventos que habían vivido de manera anecdótica, sin ningún enfoque positivo o negativo.

Después de diez semanas, las personas que habían escrito sobre lo que agradecían reportaron sentirse optimistas y positivas. Incluso presentaron mejor salud física que las personas de los otros dos grupos. Quienes se enfocaron en lo que las irritaba se sentían más deprimidas, negativas e incluso habían acudido al médico en más ocasiones por problemas de salud.

Este estudio es uno de los muchos que demuestran que agradecer nos hace más felices, mientras que quejarnos nos hace daño.

> *Estar agradecida te permite apreciar lo que tienes en lugar de enfocarte en lo que te hace falta.*

La idea de que la felicidad es algo que llega cuando ganamos más dinero, estamos más *fit* o logramos superar nuestros obstáculos es de los venenos más dañinos de nuestros tiempos. El mejor antídoto consiste en tomarnos unos minutos al día para agradecer lo que somos, lo que hemos logrado y lo que tenemos.

Lo que agradezco en mi vida

No te mentiré, me costó un ovario la práctica del agradecimiento. Me parecía cursi. No soy de las personas con una actitud superpositiva y entusiasta; de hecho, soy todo lo contrario. Mi tendencia es hacia lo *dark*, lo profundo, lo intenso y lo complejo. Siempre fui la parte negra con el puntito blanco en el símbolo del yin y el yang. Sin embargo, llegó un momento en mi vida en el que naturalmente empecé a agradecer. No sé si fue la maternidad, los años de terapia, los golpes de la vida o que me he ido suavizando; lo cierto es que ahora me resulta más natural dar las gracias en lugar de quejarme.

No tengo la vida resuelta, ni el matrimonio perfecto. Tampoco he podido lograr todas las metas que me he propuesto, ni tengo una fórmula para estar de buenas todos los días. Pero sí hay muchas cosas increíbles en mi vida que merecen ser reconocidas: mis hijos inteligentes y cariñosos, mi pareja de vida y mejor amigo, mi madre amorosa y compasiva, mis amistades incondicionales, mi curiosidad y ganas de aprender cosas nuevas, mi cuerpo fuerte y saludable, nuestras mascotas, nuestra casa, la comida y hasta la buganvilia que está creciendo junto a la terraza.

Practicar el agradecimiento es en realidad muy sencillo. Siempre que te pase algo positivo, por más pequeño e insignificante que parezca, puedes agradecerlo mentalmente. Y si quieres profundizar un poco más, puedes intentar lo siguiente:

- **Lleva un diario de gratitud.** Hay muchos libros y *workbooks* diseñados para que escribas día a día las cosas por las que estás agradecida, pero cualquier cuaderno te sirve. A mí me gusta anotar tres cosas; siento que es un buen número, ni muy relajado ni muy forzado. A veces escribo cuestiones muy importantes como el poder conectar con mi pareja. En otras ocasiones anoto cosas pequeñas, como tener unas pijamas suavecitas y cómodas. No hay reglas para agradecer.

- **Escribe un mensaje o una nota de agradecimiento a otra persona.** ¿Disfrutaste la cena en casa de alguien? ¿Te encantó el disco que te recomendaron? ¿Amaste la manualidad que tus hijos te hicieron en la escuela?

Escríbeles una nota dándoles las gracias. Antes era una cortesía muy común, pero en estos tiempos modernos y acelerados hemos perdido esa costumbre. Sin embargo, sigue siendo un detalle hermoso, tanto para quien lo recibe como para quien lo hace.

- **Comienza a orar.** En distintas religiones, la oración es una poderosa herramienta que mueve el ánimo de los creyentes y estimula la gratitud. No tienes que ser religiosa para dedicar un agradecimiento a Dios, al universo, a la vida, al amor o a lo que tú consideres importante y por lo que te sientas bendecida.

Recuerda esto: no necesitas tener una vida perfecta para poder agradecer. Estoy segura de que, ahora mismo, son varias las cosas que se te vienen a la mente por las que te sientes agradecida. ¿Viste? No es tan difícil.

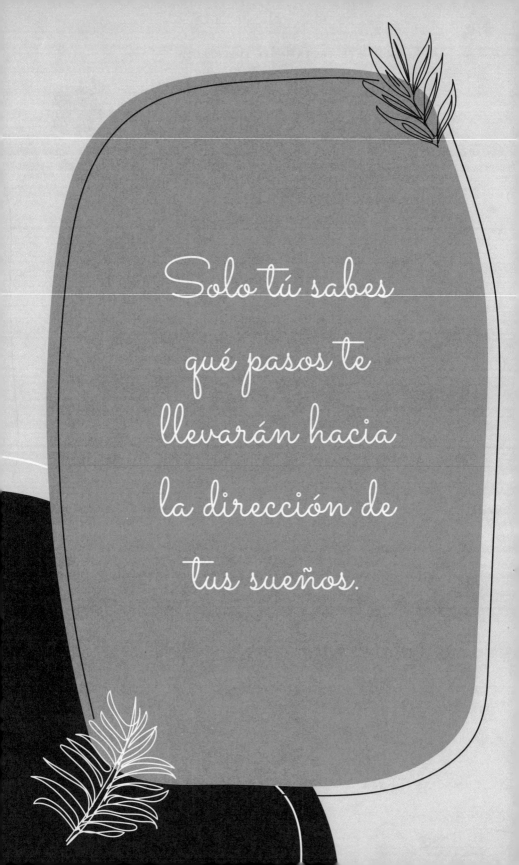

Solo tú sabes qué pasos te llevarán hacia la dirección de tus sueños.

Haz un tablero de inspiración

Piensa en este proyecto como una representación visual de tus metas y sueños, un *collage* de lo que serás en el futuro. Es un proyecto libre, así es que usa tu creatividad. Este tablero es la máxima expresión de lo que eres y de lo que quieres lograr, por lo que es muy importante que te represente.

Hay muchas maneras de hacerlo en formato digital, pero es más bonito hacerlo como manualidad. Para ello puedes usar una cartulina, recortes de revistas, impresiones, plumones y adornos de cualquier tipo. Todo con tal de que en verdad puedas explayarte. Incluye imágenes y frases de lo que te inspira y quieres lograr. Cuando lo termines, **pon tu obra de arte en un lugar en el que puedas verlo.** Acuérdate de que es una inspiración diaria.

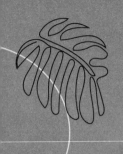

Ritual

creando tus afirmaciones

Escoge una cosa que quieras lograr. Cierra los ojos y visualiza que ya lo conseguiste. ¿Cómo te sientes? ¿Cómo sabe, huele o se ve? Crea una frase corta, en primera persona y en presente, que exprese cómo te sientes al haber alcanzado tu meta. Las afirmaciones más poderosas son las que tú misma ideas porque vienen de un deseo profundo, aunque también se vale usar frases de otros que sientas que funcionan para tu propósito. Repítela mentalmente a lo largo del día. Anótala en un papelito y pégala en tu espejo, tatúatela, haz lo que tengas que hacer para tenerla presente y que pueda cobrar vida.

Te comparto algunas muy buenas:

- *Mi creatividad es mi guía.*

- *Me siento saludable y fuerte.*

- *Vivo mi vida al máximo.*

transformador

- Soy la arquitecta de mi vida.

- Mi matrimonio es sólido, profundo y estable.

- Perdono a quienes me han hecho daño.

- Mis pensamientos son positivos y mi alma está tranquila.

- Estoy conectada con el universo.

- Tengo todo en la vida para ser exitosa.

- Logro todo lo que me propongo.

5

Una mente sana

Ahora que ya hablamos sobre los tipos de intenciones y la importancia de plantarlas con firmeza, me gustaría pasar al siguiente tema que considero importante: nuestra salud mental. Porque, seamos honestas, sin paz y tranquilidad dentro de nosotras no hay camino, estrategia ni ritual que pueda hacernos felices.

En las primeras páginas de este libro te compartí mi experiencia personal con la ansiedad y los ataques de pánico, esos *breaking points* o puntos de quiebre que nos suceden a algunas personas a raíz del acumulamiento de estrés, sobrecargas al sistema nervioso, desequilibrios químicos y traumas del pasado. Sin embargo, **no hace falta llegar a esos extremos para cuidar de nuestra torre de control, nuestra salud mental.**

La mente es y quizá será siempre un misterio. La ciencia y el mundo espiritual han intentado explicarnos cómo funciona desde hace siglos y se han roto la cabeza tratando de entenderla. Hay desde estudios superclavados que explican la manera en la que funciona el cerebro a partir de un punto de vista técnico, hasta prácticas de meditación avanzada que buscan entrar a las profundidades de nuestro inconsciente. A decir verdad, yo creo que los humanos sabemos de la mente lo que sabemos del universo: no mucho.

Aunque si de algo estoy segura es de que **cada cabeza es un mundo y no hay dos iguales.** La manera en la que experimentamos las cosas que vivimos, pensamos y sentimos es completamente única e irrepetible y por ello es tan fascinante. Incluso dos personas que hayan vivido la misma circunstancia tendrán una interpretación diferente de lo sucedido. Prueba de ello son los hermanos, quienes pueden haber crecido con los mismos papás, en la misma casa y haber ido a la misma escuela y aun así tener una visión de la vida diametralmente distinta.

No sé si estoy cien por ciento de acuerdo con la frase de Descartes «Pienso, luego existo», pero coincido en que el hombre planteaba un buen punto, porque sin duda mucho de lo que somos nace en nuestra mente y, por ende, es clave familiarizarnos con ella y mantenerla en buen estado.

El término *salud mental* se refiere a nuestro bienestar cognitivo, conductual y emocional. Es la manera en que pensamos, actuamos y sentimos. Por eso, tener una salud mental positiva resulta indispensable para nuestra vida cotidiana, pues de ella depende el modo en que nos relacionamos con nosotras mismas y con el mundo.

Puede que hayas escuchado el término utilizado como una afectación: «Problemas de salud mental» o «inestabilidad mental». Como te podrás imaginar, eso es señal de que las cosas no van tan bien como deberían. Hay muchas enfermedades de índole mental y su desarrollo depende de muchos factores: genética, historial familiar, género, edad o situación socioeconómica. Algunas son pasajeras y se manifiestan por temporadas de «malos ratos», mientras que otras son bastante serias y requieren de tratamiento médico. Si crees que necesitas ayuda profesional, por favor, búscala. Nada hay de malo con apoyarse en profesionales, terapias y medicamentos, esa idea de que solo los débiles piden ayuda o de que eso es para «locos» no es cierta. Por suerte, vivimos en unos tiempos en los que hay muchas herramientas accesibles para ayudarnos. Además, es importantísimo tratarte para que logres sentirte estable y vivir la mejor versión de ti.

Pero no hace falta tener un «problema» o afectación para tratar a nuestra mente con cariño y apapacho. De hecho, es mucho más fácil establecer una rutina saludable cuando no estamos pasando por un mal rato, ya que estamos más tranquilas y abiertas a experimentar con distintas prácticas.

No estoy exagerando cuando te digo que cuidar de nuestra salud mental es indispensable para poder disfrutar de los momentos de la vida, lograr un equilibrio entre las actividades, responsabilidades, descansos, resiliencia y ser felices. Si nuestro cuerpo es nuestra casa, nuestra mente es la llave que nos permite entrar y salir de esa zona de confort y tranquilidad. Y así como nuestro cuerpo necesita ser alimentado y ejercitado para mantenerse en óptimas condiciones, nuestra mente también requiere de ciertos cuidados; en este caso, se traduce a darle pequeñas pausas, claridad y calma.

Enfócate en el aquí *y* ahora

Nuestra vida es un *remix* de experiencias, pensamientos, emociones y sentimientos. Todo lo que percibimos del mundo exterior tiene un impacto en nuestro mundo interior y, a su vez, se nos acumula en forma de experiencias que pueden ser buenas, malas o neutras.

Primero observamos y, con base en ello, nuestra mente genera una serie de pensamientos, casi siempre recuerdos o suposiciones de lo que creemos que sucederá más adelante. Por alguna extraña razón, preferimos tener nuestra atención en otros tiempos en lugar de enfocarnos en el *aquí y ahora*. Es algo que nos pasa a la mayoría. En mi caso, tardé mucho en entender que no hay nada que puedas hacer para cambiar el pasado, ni para influir en el futuro; por lo tanto, no vale la pena que pierdas energía viajando en el tiempo. Lo único que hay es el presente y dura solo un instante. Tres segundos, dicen por ahí.

Parecería que esta dinámica no es un problema, pero cuando no vivimos en el presente, no estamos decidiendo activamente sobre nuestra vida. ¡Traz! Estamos en piloto automático y somos pasajeros en el coche que se supone que estamos manejando. ¿Te ha pasado que llevas años en un trabajo que un día te das cuenta de que odias, o en una relación de pareja con una persona con la que no conectas? **Una parte de ti ya lo sabía, pero no tenías la claridad suficiente para actuar.** Así se te pueden pasar los meses, años y décadas, sin moverte, existiendo en modo avión. Nos distraemos tanto en la película de nuestro día a día, enfocándonos en los roles que desempeñamos (de madre, empresaria, esposa, vicepresidenta), que nos olvidamos de hacer *check in* con nosotras mismas para ver cómo vamos. Pensamos que somos «algo» y creemos que esas partes de nosotras son las que nos definen. Nos la compramos de tal modo que dejamos de explorar quiénes somos en realidad y adaptamos nuestro camino conforme vamos cambiando y necesitando otras cosas.

> *La vida en automático nos desconecta de nuestra verdadera esencia.*

Por suerte hay maneras de reconectar con nuestro yo verdadero, y una de las principales es la **meditación**. Es muy probable que ubiques esta práctica, pues existe desde hace miles de años, pero en tiempos recientes se ha puesto de moda.

Algo más grande que yo: mi experiencia personal con la meditación

Mi primer acercamiento con la meditación fue a los 12 años, cuando mi padrastro me llevó a un curso de meditación trascendental. Fue un fin de semana lleno de adultos sentados sobre cojines en el piso con los ojos cerrados, durante el que nadie habló por horas. En ese momento todo me pareció muy extraño y aburrido. Para nada estaba en mis planes sentarme por veinte minutos al día a observar mis pensamientos y repetir frases en sánscrito; mis intereses a esa edad iban más por el camino de salir a pasear con mis amigas adolescentes y coquetearles a los niños. Después de ese curso intensivo, no volví a meditar en años y, aunque era una práctica recurrente en mi círculo familiar, no me llamaba la atención en lo más mínimo. No había forma de que me la vendieran.

Fue hasta 20 años después cuando me sentí con la suficiente curiosidad para intentarlo de nuevo. Estaba pasando por un momento de mucho estrés laboral, me sentía constantemente intranquila y tenía problemas para dormir. Fui con varios practicantes de medicina alternativa y todos me daban la misma solución: meditar. Al parecer, era la pastilla mágica que todo lo curaba. Yo me sentía tan mal que decidí que no tenía nada que perder.

Empecé con meditaciones guiadas en YouTube y después bajé algunas apps. Cuando me cansé de escuchar voces, compré libros y empecé a estudiar más al respecto. Me sumergí por completo y me encantó. Resulta que hay mil maneras distintas y prácticas que se adaptan a todas las edades y personalidades. Yo he probado varios formatos: guiadas, pasivas, activas, con mantras, haciendo *malas* (collares de rezo que constan de 108 piezas atadas por un hilo), caminando y hasta danzando. Algunas me han encantado y otras no tanto, pero todas me enseñaron algo sobre mí misma, ya sea a tomar una pausa para explorar qué está pasando dentro de mí, observar mis pensamientos o, en el peor de los casos, a practicar la paciencia.

Te estaría mintiendo si te digo que medito todos los días. Hay épocas en las que no salgo de la cama sin hacerlo y otras en las que la vida sucede y, por más que lo intento, no logro hacerme el tiempo. Pero sí he notado que soy mucho mejor persona cuando hago mi práctica, entonces procuro darme unos minutos para hacerlo en algún momento del día.

Dicen por ahí que la mejor hora para meditar es en la mañana, en la noche o cuando sea.

> *Si tienes cinco minutos entre una actividad y otra, tienes tiempo para meditar.*

¿Cómo funciona la meditación?

Cierra los ojos, respira profundo y di «hola» en voz baja. ¿Escuchaste esa voz? ¿La que dijo hola? Si pudiste escuchar eso, seguro la escuchas decirte un montón de otras cosas todos los días. Es la misma voz que opina sobre todos los aspectos de tu vida, desde tu desayuno hasta lo que dices y piensas. Incluso cuando no eres consciente de que está hablando, siempre está ahí. Es la voz que vive dentro de tu cabeza, la amiga más metiche de la historia.

En el libro *La liberación del alma*, Michael Singer dice:

> Por si no te has dado cuenta, hay un diálogo mental incesante dentro de tu cabeza, un diálogo que sigue y sigue sin parar. ¿Te has preguntado alguna vez por qué está esa voz ahí dentro? ¿Cómo decide qué decir y cuándo decirlo? ¿Cuánto de lo que dice termina siendo verdad? ¿Cuánto de lo que dice es siquiera importante? Y si ahora mismo estás oyendo: «No sé a qué te refieres. ¡No hay ninguna voz dentro de mi cabeza!», esa es

precisamente la voz de la que estamos hablando. Si eres listo, dedicarás un momento a dar un paso atrás para examinar esa voz con más perspectiva y llegar a conocerla mejor.

Si eres quien escucha la voz, ¿eso significa que no es tuya o sí? ¡Ay! Qué confuso y difícil de entender. Nadie está exento de tener cierto diálogo interno y la verdad es que tener a alguien hablándonos todo el tiempo puede volverse muy cansado. Lo bueno es que por medio de la meditación podemos desarrollar una relación más saludable con esa voz y ocasionalmente ponerla en *mute,* con lo cual nos damos pequeñas pausas de silencio mental. **Mediante la práctica constante aprendemos a mover nuestra atención de nuestros pensamientos y emociones hacia otros destinos:** nuestra respiración, imágenes, visualizaciones o mantras. Esta acción de ignorar u observar nuestros pensamientos, pero no involucrarnos con ellos, nos saca un poco de nuestra cabeza y nos provoca relajación y tranquilidad.

Numerosos estudios demuestran los múltiples beneficios de meditar a nivel físico y emocional:

- Regula la presión arterial.

- Desacelera el ritmo cardiaco.

- Baja los niveles de colesterol.

- Reduce la producción de cortisol y adrenalina (las hormonas del estrés).

- Oxigena el cuerpo.

- Fortalece el sistema inmune.

Lo único que hay
es el presente
y dura solo
un instante.

La meditación ayuda también a tener ideas más claras, concisas y se siente delicioso hacerlo, pero la razón por la cual yo disfruto tanto de ella es que me da una sensación de calma y paz interior que nunca había sentido. Mi práctica es un momento sagrado durante el cual el ruido mental que normalmente me acompaña se echa una siesta y me permite experimentarme de una manera más profunda.

> Hace poco me preguntaron en redes sociales qué se siente meditar, y mi respuesta fue: «Como una pausa necesaria para reencontrarte contigo y aclarar tus ideas, acciones y reacciones».

Calma tu mente; inhala, exhala

La mente es la reina de los sentidos
y la respiración es la reina de la mente.
—*B. K. S. Iyengar*

Lo primero que hacemos al nacer es respirar. Lo último que hacemos antes de morir es respirar. Podemos pasar largos periodos sin dormir, comer y tomar agua pero, si por alguna razón no podemos respirar, en unos cuantos minutos: *bye*. **Sin duda es la necesidad más grande de nuestro cuerpo y, sin embargo, la mayoría del tiempo no prestamos ni la más mínima atención a nuestra inhalación y exhalación.** Supongo que eso es lo que pasa cuando haces algo aproximadamente 20 mil veces al día.

Fisiológicamente hablando,
respirar es importante por dos razones:

- Es el vehículo que lleva oxígeno a nuestro cerebro y órganos, y ya que este no puede ser almacenado, su abastecimiento constante es importante.

- Por medio de la exhalación eliminamos desperdicios y toxinas del cuerpo.

Si por alguna razón no estás respirando bien, tampoco estás absorbiendo ni deshaciéndote de lo que deberías. A la larga, esto puede dañar tus órganos vitales.

Respirar correctamente no es solo inhalar, exhalar y dejar que tu cuerpo haga todo en automático. **La mayoría de las personas solo usamos un tercio de nuestra capacidad respiratoria.** Las tensiones acumuladas en el cuerpo, poca conciencia y malos hábitos son las principales razones de esta tragedia, pero por suerte nunca es tarde para aprender a respirar de forma correcta.

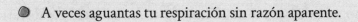

¿Cómo sé si estoy respirando mal?

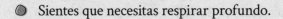

- A veces aguantas tu respiración sin razón aparente.

- Sientes que necesitas respirar profundo.

- Te quedas sin aire al moverte o al realizar actividades físicas.

- Si pones atención, sientes que el aire solo circula por la parte alta de tu pecho.

- Constantemente te sientes nerviosa o agitada.

Además de la relación física entre la respiración y el cuerpo, existe una clara relación con nuestra mente y emociones. Te puedo apostar que, en algún momento de enojo, coraje, tristeza o frustración, alguien te ha dicho la palabra mágica: *respira*. Con seguridad, tú también se lo has dicho a otra persona. Y es que, **aunque no seamos conscientes de ello, en el fondo todos sabemos que respirar nos regresa a nuestro centro y nos tranquiliza.**

La respiración es la manera más rápida y efectiva de calmar nuestro cuerpo y mente. Por un lado, debido al flujo de oxígeno que llega al cerebro, y porque al llevar nuestra atención a la actividad de inhalar y exhalar, regresamos a nuestro lugar seguro: nuestro cuerpo.

Hay muchas técnicas de respiración que puedes practicar dependiendo de cuál sea tu propósito. Hay algunas que activan, otras que generan calor, unas que acompañan meditaciones, ejercicios, movimientos y, mis favoritas, las que nos calman.

A continuación, te enseñaré un trabajo de respiración desarrollado por el doctor Andrew Weil. Esta técnica, que el médico denomina «respiración relajante 4-7-8», desacelera el ritmo cardiaco, equilibra tu sistema nervioso y trae tu atención al presente. Otra cosa interesante es que le enseña al cuerpo a estar cómodo con las pausas que van surgiendo entre la inhalación y exhalación.

1. Siéntate o acuéstate en una posición cómoda.

2. Lleva la punta de tu lengua a tu paladar superior. Tu lengua va a estar justo detrás de tus dientes.

3. Vacía por completo tus pulmones.

4. Inhala por la nariz contando mentalmente cuatro tiempos.

5. Aguanta la respiración con el aire adentro por siete segundos.

6. Exhala por la boca mientras en silencio cuentas hasta ocho.

7. Repite al menos cuatro veces.

Puedes realizar este ejercicio en cualquier momento del día, estés en donde estés. No necesitas cerrar los ojos ni estar en privado, es aplicable en cualquier circunstancia en la que sientas estrés. Además, es muy discreto, por lo que nadie notará que lo estás haciendo. Yo lo he hecho mientras manejo, en reuniones, eventos escolares, durante cenas e incluso mientras escribo este libro. Es una técnica fácil y adaptable para cuando necesites tranquilizarte de inmediato.

«La mente es
la reina de
los sentidos
y la respiración
es la reina de
la mente».

-B.K.S
Iyengar

> *Piensa en tu respiración*
> *como tu fuente principal de vida,*
> *un shot de energía vital. Tu conexión*
> *con el universo.*

Buenas noches, duerme bien...
para lograr paz mental

Dormir es sin duda una de las actividades más importantes para nuestro organismo; es igual de esencial que nuestra alimentación y el ejercicio, solo que, por alguna razón, pareciera que no nos gusta dormir. Los adultos contemporáneos somos los que menos horas dormimos en la historia de la humanidad, y se nos nota.

El tiempo y calidad de nuestro sueño influyen en nuestro peso, antojos, nivel de energía, capacidad de tomar decisiones, humor y aspecto físico. Cuando no estamos bien descansadas, nuestro cuerpo no funciona de una manera óptima. El cansancio causa antojos dulces, pues nuestro organismo busca una manera de compensar la falta de energía. Sin embargo, cuando comemos carbohidratos o azúcares, la glucosa desestabiliza nuestro torrente sanguíneo, y esto causa estrés en nuestro sistema nervioso. Se genera cortisol (la hormona del estrés) y se echa a andar el mecanismo *fight or flight*, del que ya hablamos, en el que el cuerpo entra en *shock* y altera todos tus sistemas, sobre todo el circulatorio, que es el encargado de oxigenar tus células. **En resumen, cada vez que te desvelas te estás causando más daño del que crees.**

Tengo la impresión de que muchas de nosotras nos desvelamos para «aprovechar» al máximo las horas del día; pero, con honestidad, tú y yo sabemos que no hay nada menos eficiente que una persona desvelada, así que ponte tu pijama y a dormir.

Para mejorar tu sueño:

○ **Hazte de una rutina.** Aunque no es realista pensar que todas las noches te vas a dormir exactamente a la misma hora, procura hacerlo. Al cuerpo le encanta hacer lo mismo en *repeat*. Dormirse y despertarse a la misma hora es de sus actividades favoritas.

○ **Cena ligero.** Una cena muy pesada te va a tumbar o a tener dando vueltas en la cama, pero una demasiado ligera puede interrumpir tu sueño y llevarte directo a atacar el refri a las dos de la mañana. Procura comer algo balanceado que contenga proteína, carbohidratos y un poco de grasa. Cuida de no tomar mucha agua antes de acostarte, es mejor hidratarse a lo largo del día para que tu vejiga llena no interrumpa tu sueño.

○ **Asocia.** Tu recámara es para dormir, no la hagas también tu oficina, cine, biblioteca y sala de juegos familiar. Es bueno que el cerebro sepa que en la cama se hacen una o dos actividades. Así, cuando entras, sabe que es momento de descansar y no de hacer otras cosas.

○ **Desenchúfate.** Aunque a todas nos encanta tirarnos en la cama a ver nuestras redes sociales o series, esto es lo peor que podemos hacer, porque la información es un estímulo y mantiene activa a la mente. Lo mejor es apagar los aparatos una hora antes de irnos a la cama.

Date tiempo. Duerme unas buenas siete horas como mínimo. Puede sonar casi imposible, pero, si organizas bien tus horarios, estoy segura de que puedes lograrlo. Identifica si eres más diurna o nocturna, y ajústate con base en eso.

Sácalo. Si tienes una mente a la que le encanta repasar detalles, planes o pendientes justo a la hora de dormir, una buena técnica es anotar todo lo que te está dando vueltas en la cabeza. Mantén un cuaderno o diario cerca de tu cama por si surge algo que quieras anotar al estar acostada. Este método sirve como un vaciado de cerebro.

Conócete. El mundo de los sueños es un misterio fascinante en el que nuestro subconsciente se comunica con nosotros a través de arquetipos y símbolos. Pon atención y trata de llevar una bitácora de lo que sueñas, es una valiosa herramienta de autoconocimiento.

Encuentra tu tipo de meditación

Hay muchos tipos de meditación y, por fortuna, cada vez tenemos más opciones para acceder a ellas, desde buscar en YouTube, utilizar apps (mis favoritas son Insight Timer y Buddhify) o inscribirte a programas guiados. Todas somos distintas y por eso es importante que pruebes varias opciones hasta que encuentres algo que te guste y te funcione.

Te comparto este pequeño test que encontré en internet para ayudarte en tu camino. Dependiendo de tus respuestas, al final encontrarás el mejor tipo de meditación para ti.

1. ¿Cuál es la razón principal por la que quieres aprender a meditar?

   a. Para relajarme.
   b. Para adquirir claridad sobre mis problemas.
   c. Para conocerme mejor.
   d. Para sentirme mejor físicamente.
   e. Para sentirme mejor emocionalmente.

2. ¿Qué es lo que más te da miedo sobre meditar?

   a. Estar sin moverme por periodos largos de tiempo.
   b. No poder dejar de pensar.
   c. No tener el tiempo de hacerlo.
   d. Que sea complicado.
   e. Explorar mis pensamientos.

3. Si lo probaste con anterioridad y no te gustó, ¿qué fue lo que pasó?

   a. Nunca lo he probado.
   b. Me aburrí.
   c. No pude quedarme quieta.
   d. Mi mente no estaba en paz.
   e. Amo meditar.

4. Si tuvieras que elegir un área de tu vida para mejorar, ¿cuál sería?

    a. Enojo.
    b. Atención.
    c. Ansiedad.
    d. Espiritualidad.
    e. Comunidad.

5. ¿Cuál es tu mayor reto cuando te sientes estresada?

    a. No consigo hacer tiempo para cuidar de mí.
    b. Me pongo de muy mal humor.
    c. Me pongo impaciente y controladora.
    d. Tiendo a ser muy dura conmigo misma.
    e. Me siento aislada socialmente.

6. ¿Qué haría que adoptaras la práctica de meditar?

    a. Que fuera sencilla.
    b. Tener el tiempo y espacio.
    c. Notar cambios inmediatos.
    d. Que fuera una experiencia agradable.
    e. Que fuera una actividad que pudiera hacer con otras personas.

Si la mayoría de tus respuestas fueron:

a.   Meditación con mantras.
b.   Vipassana.
c.   Visualizaciones guiadas.
d.   Meditación activa.
e.   Meditación compasiva.

Los tipos de meditación que te recomiendo según las respuestas del test que acabas de completar son las siguientes:

- **Meditación con mantras.** Un mantra se trata de una palabra o frase «sagrada», que se repite cierta cantidad de veces. Es una práctica sencilla y que da resultados casi inmediatos. Al enfocar tu atención en la repetición del mantra la mente se aquieta y relaja. La práctica se puede hacer de muchas maneras, ya sea repitiendo en voz baja, alta o acompañada de un mala (rosario tibetano). Es la meditación ideal para ayudarnos a lograr un sentimiento de bienestar general.

- **Vipassana.** También conocida como meditación introspectiva. Se comienza cerrando los ojos y observando la respiración natural para concentrar la mente y luego, con la conciencia agudizada, se procede a observar la naturaleza cambiante del cuerpo y de la mente. Esta observación

interna te permite conocerte mejor y analizar los aconteci-
mientos de tu vida desde otra perspectiva. Es una técnica
muy útil para trabajar sobre la reactividad y el enojo.

- **Visualizaciones guiadas.** Así como suena, es una práctica
en la cual hay un guía que te da instrucciones sobre tu
respiración, donde colocar tu atención o encaminándote
a imaginar ciertos escenarios. Normalmente sirven para
inducir una relajación profunda y, desde ese espacio ínti-
mo, conectarte con tu intuición.

- **Meditación activa.** La meditación para quienes no se
quieren sentar y cerrar los ojos. Fue desarrollada por Bha-
gwan Shree Rajneesh, mejor conocido como Osho, quien
decía que no todas las personas accedemos a la relajación
mental por medio de la relajación del cuerpo. Se trata de
una meditación guiada a través de varias etapas en la que te
preparas para la introspección. Es una práctica buenísima
para conocerte mejor y liberar estrés a través del cuerpo.

- **Meditación compasiva.** Existen muchas variantes, pero
la finalidad de todas es poder transformar un sentimiento
o experiencia negativa que nos causa sufrimiento en alivio y paz. Si te sientes enojada, triste, frustrada o atorada
emocionalmente, esta es la meditación para ti.

Ritual

el diario de los sueños

En los años treinta, Carl Jung, uno de los pioneros de la psicología, dijo: «Si verdaderamente te quieres conocer, pon atención a lo que sueñas». Jung decía que llevar una bitácora de nuestro mundo onírico nos daba herramientas para explorar el significado de todo lo que ocurría en nuestras vidas. Además, es fácil y divertido.

Usa tu cuaderno mágico especial para este proyecto.

1. **Prepara tu diario desde la noche anterior.** Es importante que tengas papel y pluma a la mano para que no pierdas tiempo buscándolos en la mañana.

2. **En cuanto te despiertes, empieza a escribir.** No importa que tu sueño no tenga sentido, esté en desorden o no siga una lógica. Lo importante es que incluyas la mayor cantidad de detalles posibles.

3. **Escribe lo que piensas, sientes o asocias con lo que soñaste.** Quizá un elemento del sueño te recuerda a una persona o cosa. Incluye esa información en tu diario.

transformador

4. **Acomoda tu sueño.** Ahora sí, trata de acordarte del orden de los sucesos y personas involucradas. Puedes incluso separarlo en capítulos.

5. **Ponle nombre.** Si tu sueño fuera una película, ¿cómo se llamaría?

6. **Subraya los elementos destacados.** Personas, lugares, conversaciones y mensajes. Ahí es donde radica la información importante.

7. **Crea un hábito.** Al principio puede ser que no recuerdes muchos detalles sobre tus sueños, pero conforme más hagas este ejercicio, más detalles recordarás.

8. **Pon atención.** Identifica los patrones, ¿sueñas con las mismas personas o lugares? Y, sobre todo, ¿cómo te sientes en el sueño? ¿Feliz, estresada, sola?

Ir descubriendo esta información puede servirte para conocer aspectos de ti que no sabías que existían. Al hacerte consciente de todo lo que vaya surgiendo, podrás decidir de qué manera utilizarlo.

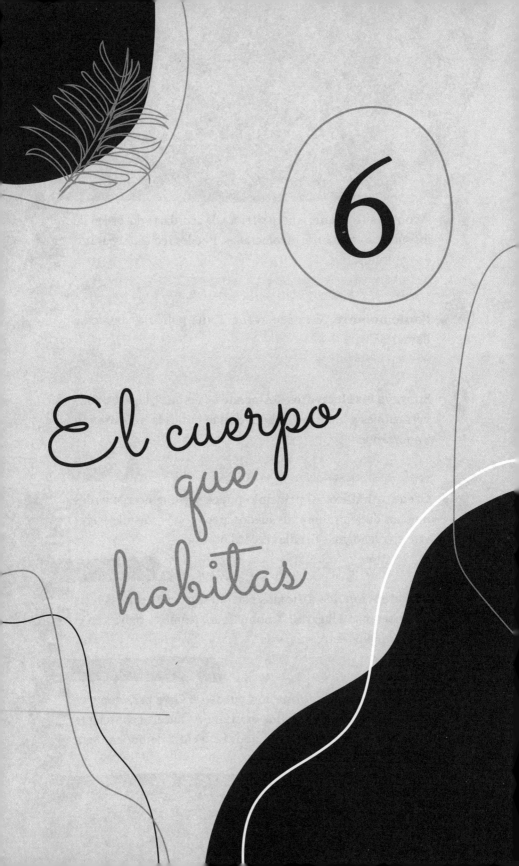

6

El cuerpo que habitas

No me imagino escribir un libro sobre cómo construir una vida padrísima y no hablar acerca de este tema, quizá el más importante: la relación que tienes con tu cuerpo. Este cuerpo es al que le exiges de más cuando andas en modalidad invencible de chica superpoderosa y el que se agota y enferma cuando ya no puede seguirte el ritmo; el mismo que le echa tantas ganas a mantenerte de pie y activa y que muchas veces descuidas e ignoras por andar demasiado ocupada.

Imagina que no cuidas tu casa: se rompe un mueble y no lo reparas, no das mantenimiento a la pintura y las paredes se van manchando a lo largo de los años. El refri se descompone, dejas de usarlo, pero no lo sacas de la cocina. La chapa de una puerta se daña y ya no puedes cerrarla. Tu hogar se va deteriorando y cada día empeora hasta que, al final, odias tu casa y te urge mudarte a otro lado y empezar de nuevo. Borrón y cuenta nueva.

Te cuento esto porque muchas veces creemos que las paredes y el techo bajo el cual dormimos es nuestra casa, y desde una perspectiva tradicional, definitivamente lo es. Pero también hay otra casa, una más permanente que habitamos siempre, estemos donde estemos: nosotras mismas.

Piénsalo, a donde quiera que vayas, te traes contigo. No hay manera de no hacerlo. **El contexto exterior puede cambiar, pero tu verdadera casa, donde habitas día con día, es tu cuerpo,** esa combinación de huesos, músculos, tejidos y órganos. Desde que nacemos hasta que morimos vivimos en uno solo. Cada quien es dueño de un cuerpo tan irrepetible como único.

Bajo este entendido, me surge una duda, ¿por qué muchas veces nos preocupamos más por tener un espacio físico propio, decorado a nuestro gusto, cuidado y limpio, que por honrar y proteger nuestra verdadera casa, o sea, nuestro cuerpecito fabuloso? Si el estado de tu hogar exterior impacta en tu humor, estado de ánimo, autoestima y productividad, imagínate qué tan importante es para tu bienestar cuidarte, poner atención a las señales que te está dando, darle mantenimiento y cultivar una buena relación con tu cuerpo. No quiero exagerar, pero voy a decirlo: **la manera en la que te tratas va a impactar en tu forma de vivir y todas las experiencias que tengas.**

Si tu cuerpo es tu casa y tú puedes decidir, en cierta medida, cómo construirla, te pregunto, ¿qué tipo de casa quieres habitar? Espero que sea una en la que puedas estar cómoda, que vaya con tu estilo de vida, en la que te puedas relajar, ser tú misma. En la que no existan los juicios, donde en verdad puedas ser quien eres 24/7. **Un espacio en el que experimentes amor profundo, felicidad y plenitud.** Un hogar en el que además te sientas segura, saludable y lista para afrontar la vida. Una casa fuerte y bien plantada.

Nuestro cuerpo, nuestro reflejo

> *El cuerpo humano es el reflejo*
> *más claro del alma humana.*
> —Ludwig Wittgenstein

Vivimos en una sociedad muy extraña en la que, por un lado, es aceptado modificar nuestro aspecto físico y, por el otro, lo habitual es no estar conectadas con lo que sucede en nuestro interior: las tensiones que se acumulan, los achaques o las sensaciones que surgen a lo largo del día.

Sé sincera, ¿cuánto tiempo pasas al día en tu cuerpo? Ya sé que la pregunta suena rara, porque la respuesta obvia es «todo el tiempo».

Sin embargo, se trata de una interrogante más profunda de lo que aparenta. O sea, **¿cuánto tiempo real, consciente y con plena atención pasas en tu cuerpo? Sintiendo tus músculos, tu manera de respirar, buscando alivio si algo te incomoda o duele. Viendo para adentro.**

Es inusual porque, aunque habitamos nuestro cuerpo, en la mayoría de los casos nuestra mente es quien acapara toda nuestra atención. Ella es experta en opinar, hacer planes, racionalizar e incluso decidir qué es lo mejor para nosotras. Seguro te ha pasado: tu mente decide que es un superplan y te «mereces» un helado de tres bolas, pero tu cuerpo te recuerda que no le gustan los lácteos y aun así tu mente gana. Te devoras el helado y te enfermas. En realidad, estabas advertida, solo que decidiste no hacer caso y ahora pagas las consecuencias.

Al nacer, tenemos una relación muy estrecha con nuestro cuerpo. Comemos cuando nos da hambre, nos quedamos dormidas cuando tenemos sueño, hacemos del baño cuando surge la necesidad. Es una experiencia de lo más honesta. El problema surge conforme vamos creciendo y la sociedad y nosotras mismas nos vamos limitando. Empezamos a tener horarios fijos para comer, independientemente de si tenemos hambre o no. Nos desvelamos y levantamos temprano porque ese es el ritmo de vida, y está claro que no vamos al baño donde sea. Tampoco es común que lloremos cuando algo nos duele, ni que corramos a que nos abracen cuando tenemos miedo. Poco a poco nos desconectamos de nosotras mismas.

> *A veces abandonamos nuestro cuerpo como parte de una integración social y otras lo hacemos en un intento por escondernos de emociones intensas y abrumadoras.*

Digamos que la vulnerabilidad no es lo nuestro y somos capaces de lo que sea por no mostrarla. Entonces, en lugar de permitirnos sentir las cosas que van surgiendo en nuestras vidas y afrontarlas, preferimos esconderlas y fingir que «aquí no pasó nada». En primera instancia, este mecanismo de defensa puede ser muy útil y hasta puede hacernos sentir bien. **El problema es que guardar nuestros secretitos emocionales no los hace desaparecer, sino todo lo contrario.** Se acumulan dentro de nosotras y, a la larga, nos causan estragos físicos. Por eso es importante poner atención y llevar un buen sistema de alineación y balanceo entre la mente y el cuerpo. O como a mí me gusta llamarlo: atención plena y presencia corporal.

Mis técnicas favoritas para conectar
con mi cuerpo son:

- Yoga

- Meditación

- Qigong

- Bailar libremente sin que nadie me vea

- Flotar en cualquier cuerpo de agua

- Que me hagan un masaje

Como puedes ver, hacer conciencia de tu cuerpo no tiene nada que ver con hacer ejercicio; aunque algunas de las opciones incorporan movimiento, su intención no es hacerte sudar, sino llevar tu atención a lo que está sucediendo dentro de ti. A veces por medio de estas actividades puedes notar cosas que no sabías que te estaban ocurriendo, como tensión, dolor, rigidez y falta de amplitud. Cuando te relacionas de manera más íntima contigo empiezas a conocerte en otro nivel, y te prometo que súper vale la pena. No solo te evitarás achaques y visitas al doctor, sino que te sentirás empoderada y en control de lo que sucede contigo.

Tu cuerpo es una máquina maravillosa que merece tu cuidado, atención y respeto, tanto por dentro como por fuera. Es hora de retomar esa relación y empezar a integrarte para que te sientas completa y en casa.

La importancia de la comida

Siempre he pensado que alimentarnos es nuestro acto más grande de amor propio. Puedes hacerte una ensalada enorme llena de verduras para llenar tu cuerpo de vitaminas o comerte un helado al final del día para apapachar a tu alma.

> *Cada vez que te llevas algo a la boca te estás dando un poco de amor… o al menos esa es mi idea utópica.*

Comer es y siempre será parte intrínseca de nuestras vidas, no solo porque moriríamos al dejar de hacerlo, sino porque gran parte de nuestra vida personal y social gira alrededor de la preparación y consumo de alimentos. La comida está presente en todos los momentos: en nuestra vida cotidiana, reuniones, celebraciones culturales,

tradicionales y religiosas, fiestas de cumpleaños, bodas, citas román-
ticas, festividades y hasta funerales. Para los humanos, la vida gira
en torno a comer.

> *Lo que ingerimos a diario*
> *es la gasolina de nuestro*
> *cuerpo y espíritu.*

Quizá te parezca raro que mencione el alma, el espíritu y las emociones
cuando hablo de comida. Yo creo que nuestro cuerpo es un sistema
en el cual están conectadas todas las partes: cada una reacciona de
acuerdo con otra, y eso incluye nuestras partes energéticas y no vi-
sibles. Acuérdate cuando eras chica y tu mamá te daba dinero para
comprarte algo en la tiendita de la escuela. Estoy casi segura de que
elegías una chuchería porque #NiñaChiquita. Quizá lo que compra-
bas no tenía ningún valor nutricional, pero sí tenía valor emocional.
**La comida no solo nos alimenta a nivel físico, su importancia
trasciende a niveles más profundos de nuestra persona.**

Y justo por eso es tan importante poner atención a lo que estamos
comiendo y estar conscientes de que lo que comemos puede ser
nuestro aliado o enemigo más grande, en todos los niveles.

Confesión: soy enemiga de las dietas. Nunca he podido hacer una
sin «fracasar». Me confunden terriblemente y, siendo honesta, no
entiendo el concepto de limitar lo que comemos. Cuando alguien te
da permiso de comer ciertos alimentos y te prohíbe otros, el tema
pasa de ser corporal a un juego de voluntad basado en el control y la
culpa, lo cual se vuelve agotador. ¿En serio valdrá la pena ahorrarte
las calorías de un pan dulce, pero meterle estrés a tu sistema? Mmm,
no lo creo.

Las dietas restrictivas no son buenas para tu salud, ni física ni mental. En mi experiencia, cualquier situación en la que estés obsesionado por los detalles de lo que sea es mejor evitarla, dentro y fuera de la mesa. Lo que sí considero importante es conocer un poco sobre el papel que desempeñan los alimentos en tu cuerpo, o sea, para qué sirven. De esa manera puedes tomar mejores decisiones basadas en tus necesidades.

Aquí te va un resumen con los puntos que me parecen esenciales:

- **Los carbohidratos son nuestra principal fuente de energía.** Piensa en las harinas integrales, avena, arroz, maíz, camote y en las frutas.

- **Las proteínas son de donde obtenemos la fuerza.** Es el alimento de nuestros músculos. Puede ser de origen vegetal (lentejas, frijoles, quinoa, brócoli, nueces) o animal (carne, pollo, pescado, lácteos y huevo). Trata de evitar las proteínas procesadas como los embutidos y las carnes frías.

- **Las grasas no son el demonio.** De hecho, son muy necesarias para el funcionamiento de nuestro cerebro e hígado. También sirven para llevar vitaminas y minerales a todas las partes de nuestro cuerpo. Pero hay de grasas a grasas, y es importante que escojas de manera sabia. Quédate con opciones saludables como aceite de coco o de oliva, aguacate, semillas y nueces.

● **El azúcar procesado no es un nutriente.** Ya sé, a mí también me choca saberlo, pero es la verdad. Se les agrega azúcar a los alimentos porque la mayoría de los seres humanos tenemos un paladar dulce, aunque también porque es una sustancia altamente adictiva y, al crearnos esa dependencia, consumimos más de los productos procesados que nos quieren vender. O sea, llévatela leve con las golosinas.

● **Tomar agua sí es importante.** Sé que lo sabes, pero es mi deber recordártelo. La hidratación no solo es para la piel, sino para el buen funcionamiento de las células de tu cuerpo, que necesitan de agua para funcionar. Toma al menos dos litros de agua simple al día. El té, jugo, refresco y cualquier otro líquido no cuentan.

● **Entre más real sea tu comida, mejor.** Siempre es preferible consumir alimentos que provengan de la naturaleza y no de una fábrica o del laboratorio. Una manzana entera siempre será más saludable que un jugo procesado de «manzana». Una salsa de tomate que hagas en casa es preferible a una de lata.

● **Vale la pena leer las etiquetas de información nutricional.** Por regulaciones internacionales, los fabricantes de alimentos tienen que listar los ingredientes de sus productos en orden de mayor a menor concentración. Si compras una granola y lo primero que dice es «azúcar» y después «avena», sabrás que el ingrediente principal es el endulzante.

- **Desconfía de lo impronunciable.** Hay muchos químicos que se agregan a la comida para alterar su sabor y hacerla más apetecible. También hay otros que se agregan para alargar su tiempo de vida. Si al leer los ingredientes de tus alimentos encuentras muchas palabrotas, mejor no lo consumas. Un buen tip es que, si un niño de seis años no lo puede pronunciar, no te lo comas. Sí, trehalosa, dextrosa, dextrinas, dextranos y maltodextrinas, estoy hablando de ustedes.

- **Si algo no se echa a perder, es sospechoso.** La comida debe pudrirse, es parte del proceso natural de los alimentos. Si algo dura eternidades en tu alacena y sigue en perfecto estado, con seguridad está lleno de conservadores químicos. Mejor no te lo comas.

- **Pon atención, pero no te obsesiones.** Así como es peligroso no enterarte de lo que estás comiendo, puede ser igual de peligroso dedicarle demasiada de tu atención. Clavarte de más y sobreanalizar todo lo que te metes a la boca puede causar mucho estrés. Encuentra un equilibrio saludable.

La alimentación es como todo en la vida: es importante tener curiosidad, experimentar y jugar un poco, pero no recomiendo irte a los extremos. Sé que está muy de moda hacer dietas restrictivas que eliminan grupos alimenticios por completo o limitan las horas en las que comes, y promueven ayunos o limpias de jugos. Estos métodos son muy fuertes para el cuerpo. Si decides hacerlos, te recomiendo que tengas el acompañamiento de un especialista que pueda monitorearte. Y acuérdate de dos cosas: *a)* **no porque algo le funcione a otra persona tiene que funcionarte también a ti, y** *b)* lo más importante es y será siempre cómo te sientes. Si estás débil, no puedes dormir o te sientes depre, no estás comiendo lo que tu cuerpo necesita y vale la pena revalorar tu dieta.

El movimiento

Quiero empezar diciéndote que moverte y hacer ejercicio no significa volverte atleta de alto rendimiento, ir a *crossfit* diario ni empezar a correr maratones, aunque obviamente también se vale. Sin embargo, **la idea de que todos tenemos que ser súper** *sporty spice* **es errónea.** Nuestros antepasados se movían para todo. Caminaban, corrían, cazaban, nadaban..., todo para sobrevivir; pero en tiempos modernos la vida «civilizada» nos ha hecho sedentarias. Es común ir de la cama al coche, del coche al trabajo, al escritorio, al tráfico, al sofá y de regreso a la cama. Y luego nos preguntamos por qué nos sentimos tiesas, contracturadas, adoloridas y no tenemos condición física ni para bajar el súper del coche.

Te voy a decir la verdad: el movimiento es suficiente para mantener un cuerpo sano, no se necesita más; pero si lo que quieres es tener fuerza, flexibilidad, potencia, condición, rango de movimiento y salud muscular y articular, sí tienes que hacer ejercicio estructurado y planeado. Ponerte a sudar un poco.

Yo soy muy fan de hacer ejercicio y, así como he experimentado mucho con mi alimentación, también lo he hecho con las actividades que realizo. He probado tantos deportes y tomado tantas clases que soy la burla de mis amigas. El ejercicio que se te ocurra seguro ya lo hice, y los que no se te ocurrirían jamás, también. ¿Te conté que era parte de un equipo de tae bo? Es una mezcla de taekwondo y box en el que te agarras a trancazos a tu oponente. #KaliLaPacífica antes era #KaliLaViolenta.

Cuando estaba creciendo, mi sueño era ser bailarina o atleta olímpica, y aunque no se me hizo ninguna de las dos (me lastimé la rodilla, ¡ajá!), me quedé con ese chip de mover el cuerpo y constantemente llevarlo al límite. En mi caso, tengo tanta pila que me hace mucho bien cansarme un poco. Sin embargo, estoy consciente de que no todas tienen las ganas, energía ni deseo por hacer tantas actividades físicas y es respetable y entendible. Así como todas tenemos necesidades nutricionales y calóricas distintas, también nuestros cuerpos son distintos y lo que funciona para una no tiene que funcionar para la otra.

Muchas veces sabemos que nos queremos mover, sudar y ejercitar, pero no tenemos muy claro qué tipo de actividad sería la indicada para lo que queremos lograr. Igual y nuestra meta es mejorar nuestra condición física general y decidimos tomar clases de hatha yoga, pero, aunque sostener una postura por varios minutos es un superejercicio para trabajar músculos y articulaciones, hay otras actividades que cumplen mejor la función de acelerar tu pulso. Por eso es importante hablar sobre las cuatro categorías principales:

- **Aeróbico.** Mejor conocido como cardio. Es el que te acelera el corazón y hace que pierdas el aliento. Genera resistencia y mejora el flujo sanguíneo. Ayuda a mantener tus pulmones y corazón en óptimo estado. Es el tipo de ejercicio en el que quemas más grasa corporal, pues, literal, estás en *friega*. Esta categoría incluye correr, andar

en bici, brincar, nadar, bailar y todas esas clases en las que sientes que se te va a salir el corazón.

○ **Fuerza.** Son los entrenamientos en los que tus músculos trabajan activamente, en los que rompes tejidos y ganas volumen. Estos sirven para tener una mejor resistencia muscular, ayudan a la salud articular, tonifican tu cuerpo, te permiten mantener una buena postura y la densidad ósea. En esta categoría entran las pesas, pero también las bandas de resistencia, polainas y todos los ejercicios en los que trabajas con el peso de tu propio cuerpo.

○ **Flexibilidad.** ¿Ubicas esa sensación de placer que sientes al estirarte en la mañana, o mejor aún, mientras haces yoga? Esa tensión y relajación de los tendones ayuda a tener un mayor alcance para las articulaciones, lo cual nos da movilidad y ayuda a nuestro rango de movimiento. Además, está directamente asociado con la liberación de estrés. Por eso los yoguis, la gente que hace pilates y los atletas que se toman el tiempo para estirar después de sus entrenamientos tienden a estar más relajados, felices y tener menos lesiones.

○ **Balance.** El taichí, yoga suave y el qigong forman parte de esta categoría que, como su nombre lo indica, busca trabajar el equilibrio en nuestro cuerpo. Muchas veces no solo desde la parte física, sino también la energética. Trabajar el equilibrio es especialmente importante para los adultos mayores ya que con la edad aumentan los accidentes ocasionados por la pérdida de control del cuerpo.

Los especialistas dicen que para mantener nuestro cuerpo en un óptimo estado de salud debemos hacer una variedad de ejercicios y no casarnos con una sola cosa. No irnos solo hacia el cardio, sino también trabajar activamente los músculos, y no dedicarnos únicamente a las pesas, sino también dedicar un tiempo a la semana a estirarnos y trabajar sobre nuestro equilibrio. Sé que suena a muchísimo ejercicio, pero por suerte hay muchas actividades que entran en varias categorías al mismo tiempo, como pilates, que incluye fuerza y flexibilidad al mismo tiempo; el HIIT es cardio, fuerza y a veces incluso balance; el yoga abarca de todo un poco, dependiendo del tipo que practiques.

Para mí, el movimiento es la mayor forma de cuidado personal. Si la alimentación es mi gasolina, el ejercicio es el motor.

El estado del cuerpo se convierte en el estado de la mente y nuestras emociones tienden a seguirlo, por eso es tan importante mantenernos fuertes y flexibles.

Sé que suena trillado, pero cuidar de tu cuerpo, alimentándote de la mejor manera que puedas y moviéndote con regularidad es un gran acto de amor propio. Quizá el mayor, pero eso no significa que debes ser demasiado rígida al respecto. Hay días para ensaladas y pilates, y otros para *Netflix and chill* acompañados de pizza: ambos tienen el mismo valor.

Acuérdate que el equilibrio es más importante que la perfección.

Hay otra casa,
una más permanente
que habitamos
siempre, estemos
donde estemos:
nosotras mismas.

Date un poco (mucho) de amor

La imagen corporal nace en nuestra mente, no en el espejo. Es un *remix* de lo que creemos acerca de nuestro físico. Y todas esas ideas influyen cien por ciento en nuestra autoestima y en nuestro bienestar general.

Es un concepto que toma forma en dos niveles: el mental y el emocional. Por un lado está cómo visualizas tu cuerpo (la manera en la que *crees* que es) y, por otro, cómo te sientes al respecto. Y aquí quiero decirte algo muy fuerte: **una cosa es como tú lo vives y otra, a veces por completo distinta, es la realidad. Puede ser que estés convencida de algo y para los demás sea de otra forma.** Por ejemplo, puedes pensar «soy supercaderona» y para quienes te rodean ni caderas tengas. Acuérdate de que la mente puede ser medio mentirosilla. Por eso no debemos tomar sus opiniones como verdades absolutas.

No estoy segura de cuándo y cómo es que empezamos a ver nuestro cuerpo como algo malo y digno de nuestro desprecio, pero eso tiene que parar. Estamos hablando mal de nuestra propia casa, y nuestra casa nos está escuchando.

Sé que cada una tiene una historia distinta y, dependiendo de la vida que hayamos tenido, es de donde surgen las actitudes negativas que tenemos hacia nosotras mismas. En mi caso, todo era aceptación y felicidad hasta que llegué a la adolescencia y empecé a compararme con mis amigas. Algunas se desarrollaron antes y ya tenían cuerpo de mujer, mientras que yo seguía siendo un palito de pan. Otras eran altas y tenían piernas largas y hermosas, mientras que yo veía las mías cortas y llenas de cicatrices por andar en patines. Hubo una que, de la noche a la mañana, se convirtió en un cisne hermoso a quien los niños no dejaban de mirar. Yo me sentía opacada e invisible a su lado.

Tampoco ayudó que mi mamá, quien yo pensaba que era la mujer más hermosa del planeta, empezó a contarme las cosas que no le gustaban de su cuerpo. Creo que lo hacía en un afán de convivir conmigo y tener pláticas de mujeres, ya que ahora yo era más «grande». Sin embargo, el mensaje que escuchaba era: odio mis piernas y tú tienes las mismas, entonces tú también debes odiarlas. Y eso fue lo que hice: aprendí a verlas con odio y desaprobación. Estaba decidido, la vida me había castigado con piernas cortas, gruesas, con celulitis y llenas de cicatrices.

Cuando trabajaba como maquillista profesional, pasaba mis días con actrices y modelos. Hacíamos *photoshoots* para revistas, campañas de publicidad y desfiles de moda. Estaba con las mujeres más hermosas que había visto en mi vida y, sin embargo, todas se quejaban de algo sobre su aspecto físico. No importaba si era la modelo más *top* de América Latina o la actriz más *hot* del momento: todas odiaban algo. No exagero cuando te digo que ni una sola vez he maquillado a una mujer (famosa o desconocida) sin que me señale uno o varios de sus «defectos». Lo cómico es que casi nunca me he dado cuenta antes de que lo mencionen. No te diré que sus quejas eran inventadas; en más de una ocasión me enseñaron sus estrías, lonjas o tabique de la nariz desviado. El tema es que, para mí, ninguno de esos detalles era importante ni cambiaba mi manera de verlas. Ante mis ojos, todas seguían siendo hermosas porque, sinceramente, para mí todas las mujeres lo somos: cada una a nuestra manera y con nuestros atributos, pero todas unas reinas.

No quiero ser del todo conspiranoica y decirte que el mundo quiere que nos sintamos feas e inseguras para tratar de vendernos objetos, productos y tratamientos, pero tampoco voy a fingir que no me he dado cuenta de la relación entre nuestro sentimiento de descontento con nosotras mismas y el crecimiento de la industria que sirve para hacernos mejores: dietas milagrosas, cirugías, fajas, cremas blanqueadoras, antiarrugas. ¡Oigan, dejen de querer «arreglarnos»! ¡No estamos rotas! **Ya es momento de vernos, aceptarnos, y amarnos tal y como somos.** Porque si no empezamos a honrarnos nosotras, difícilmente alguien más vendrá a hacernos esa chamba.

Tener una imagen corporal positiva es mucho más que solo tolerar la manera en la que te ves. Tampoco es suficiente concluir que si no te odias ya vas bien. Ignorar tu cuerpo y pretender que no existe tampoco es la solución.

> *Hacer las paces con quien eres y empezar a cultivar amor por ti misma es esencial para los aspectos físicos, mentales y emocionales que conforman tu ser.*

Para sanar de afuera hacia adentro, antes que nada, debes trabajar en aceptar tu aspecto físico aquí y ahora, sin tratar de cambiar nada. Siempre habrá cosas que vas a querer mejorar y eso está superbien, pero no es lo mismo querer cambiar desde el odio y disgusto a hacerlo desde el deseo por ser una mejor versión de ti misma. **Te invito a que reconozcas tus cualidades individuales y fortalezas únicas, más allá de tu peso, forma y aspecto físico,** a resistir ante la presión externa y el mito del «cuerpo perfecto» que ves en los medios, redes sociales y tu comunidad.

> *Tú eres tú, y así como eres estás bien. Te lo prometo.*

¿Qué te parece si hacemos algunas cosas para ir cultivando el amor propio?

- **Deja de compararte con otras mujeres.** Vivimos en una sociedad a la que le encantan las comparaciones: una lavadora contra otra, una película frente a una parecida, una actriz con alguna de la misma edad. En este contexto, lo natural es que nosotras hagamos lo mismo, ya sea con mujeres de nuestro entorno o las que vemos en los medios y, a últimas fechas, también en las redes sociales. *Si cambiamos nuestro enfoque y nos aceptamos como únicas, ya no hay nada que comparar.* Tú eres tú, yo soy yo, y podemos coexistir. Una no es mejor que otra: somos diferentes.

- **No te preocupes por la opinión que los demás tienen sobre ti.** La gente que es feliz por lo general no tiene el tiempo ni la energía para opinar sobre los demás. Entonces, quienes opinan suelen ser aquellos que no deberían importarte. La gran artista de burlesque Dita Von Teese dijo alguna vez: «Puedes ser el durazno más jugoso y delicioso del mundo, y aun así siempre habrá alguien que odie los duraznos. No le puedes dar gusto a todo el mundo».

- **Sé amable contigo.** Ten cuidado con lo que dices. Cuando mencionas lo que te molesta sobre ti, acuérdate de que te estás escuchando y ¡auch! esas cosas duelen. Ten la misma prudencia a la hora de hablar mal de ti misma como la que tendrías para referirte a otra persona. O mejor aún, no hables mal ni de ti ni de nadie. Como dicen las abuelas: si no tienes nada bueno que decir, mejor quédate callada.

● **Suelta las creencias que no necesitas.** Muchos de nuestros traumas más grandes no son siquiera nuestros, los heredamos de nuestros padres, hermanos y amigos. Pregúntate: «¿En verdad me molesta esto de mí o solo creo que debe molestarme?». Si algo no es tuyo, hazlo un avión de papel y mándalo a volar.

● **Conviértete en una mujer que ama.** Ya sé que la idea de amarte de un día para otro suena poco realista, pero una buena forma de encaminarse en esa dirección es amando lo que te rodea. Tu casa, tu trabajo, tu vida, tus amistades y a tu pareja. El amor es como un músculo que crece cuando lo trabajas. Empieza afuera y crece hacia adentro.

● **Transfórmate en el amor de tu vida.** Imagina que eres tu propia pareja. Te amas, respetas y apoyas de manera incondicional. ¿Cómo te hablarías si estuvieras nerviosa? ¿Cómo te harías sentir en paz si te sintieras insegura? Trátate con suavidad, compasión y amabilidad.

Repite conmigo: no tengo que ser perfecta

La idea de la perfección es una mentira, una que nos hace muchísimo daño porque es como una montaña con un pico inalcanzable al que no logramos llegar y que nos deja a todas cansadas y damnificadas. Las personas no nacimos perfectas. Incluso las celebridades que parecen serlo tienen una ayudadita. ¡Hola, Photoshop! Desde mi

punto de vista, todas las personas tenemos áreas de oportunidad, pero no permitamos que las ganas de ser una mejor versión de nosotras sean un obstáculo para dejar de disfrutar de lo que sí tenemos a nuestro favor. Nadie lo tiene todo. Créeme, llevo años analizando el tema. Soy una perfeccionista en recuperación.

A lo largo de mi vida he luchado por lograr la perfección en distintos aspectos; en actividades físicas, puedo destacar bailar ballet, aprenderme coreografías, montar a caballo, lograr posturas de yoga y dominar el parado de manos; en lo mental, incluyo memorizar las tablas de multiplicar, saberme los nombres de ríos y lagos, prepararme para entrevistas recopilando información hasta tratar de sacar, en una toma y sin errores, mi trabajo como conductora de televisión, y ahora, grabando mis propios videos para redes sociales; por supuesto, también lo he hecho con mi apariencia: bajar kilos postembarazos, querer tener cuadritos en el abdomen, borrar las secuelas que dejó el acné en mi piel, tratar de que nadie vea mis estrías, ni mi celulitis, ni mis canas. No sé en qué momento de mi vida decidí que tenía que ser una mujer perfecta, pero como te conté al principio del libro, ese *modus operandi* es agotador y ya aprendí mi lección: esta soy yo, con mis cualidades y «defectos». Soy única y me amo.

¿Ubicas ese *cliché* de que le preguntan a alguien sus defectos y responde «soy perfeccionista», pero en realidad lo dicen con cara de que es su mayor atributo? Pues ajá, resulta que sí es un defecto y te quiero contar por qué.

Aspirar a ser perfecta destruye tu autoestima, causa sufrimiento, estrés y es lo opuesto a aceptarte y amarte tal cual eres.

Es más, según Carolyn Gregoire, una escritora del *Huffington Post* especializada en psicología, el perfeccionismo está directamente asociado con ansiedad y depresión. La razón es simple: no puedes ser perfecta todo el tiempo ni en todos los aspectos de tu vida. En algún momento las cosas saldrán mal, la vas a regar, te equivocarás, vas a perder, decepcionarás a alguien, no cumplirás tu objetivo. No vas a estar arriba siempre, incluso cuando sea tu anhelo más grande.

Espero que no te enojes conmigo. Estoy consciente de que lo que estoy diciendo no suena alentador, pero quiero que hablemos con la verdad. Las cosas no siempre van a salir bien y, cuando nuestros estándares son demasiado altos, nuestra caída al suelo también será más fuerte.

Clavarte demasiado en «lograr», «ser» y «hacer» te perjudica en más formas de las que imaginas.

> ● **Afecta tus relaciones.** Cuando eres perfeccionista pasan dos cosas: la primera es que, al tener tus exigencias personales muy altas, inconscientemente haces lo mismo con los demás y esperas mucho de ellos. Esto no está *cool* por obvias razones. Presionar al prójimo para que «cumpla» contigo es una falta de respeto hacia su identidad y manera de hacer las cosas.
>
> ● **Te olvidas de quién eres en verdad.** Cuando te enfocas demasiado en lo que quieres lograr es muy fácil que te distraigas de lo que ya eres en el presente. Está padre tener planes y fijarse metas, pero aguas con poner toda tu atención en un lugar en el que todavía no estás. Vivir con un pie en el futuro idílico te desconecta del *aquí y ahora*.

● **No empiezas nada.** Para un verdadero perfeccionista nada vale la pena a menos que le garanticen que será ¡guau! Y, ¿sabes qué?, a veces la vida no es guau al principio, y requiere de un poco de esfuerzo y trabajo para irse refinando. Si nunca crees que las cosas están lo suficientemente bien, quizá tu proyecto, libro, obra de teatro, cuadro, maquillaje o platillo estrella nunca vea la luz.

● **Te la pasas mal.** Cuando tienes una idea muy clara de la manera en la que la vida «debe ser» y por algo no es, en lugar de disfrutar el momento te quedas enganchada en lo que no fue. No hay peor forma de vivir que haciendo berrinche en lugar de aceptar lo que sí tienes enfrente.

● **Te pierdes de tu grandeza.** De lo que sí has logrado, hecho y trabajado. Una característica clásica de las personas perfeccionistas es no aceptar cumplidos y mucho menos tener la habilidad de ver por sí mismas los aspectos positivos de sus logros. Una cosa es la humildad y otra muy distinta es no reconocerte.

¿Viste? Aunque en teoría suena padrísimo ser una supermujer y apuntar a las estrellas, a veces es mejor idea que tu meta sea la luna. Y aquí entre nosotras, creo que intentar llegar a la luna es un gran logro y es mucho más viable que irnos más lejos y exigirnos lo imposible para llegar a las estrellas de otra galaxia.

No tengo
que ser
perfecta.

Pequeño ejercicio, grandes resultados

Escríbete una carta de amor

1. Usa tu cuaderno mágico especial o, si prefieres, usa hojas sueltas. Imagina que tú no eres tú, pero estás enamorada de ti y quieres hacerte una confesión amorosa.

2. Empieza la carta con tu nombre: «Querida…».

3. A continuación, enlista todo lo que te guste de ti misma, tus cualidades y aspectos hermosos, desde los más pequeños, como tu lunar favorito y tus pestañas tupidas hasta las cosas más grandes y profundas, como ser una buena amiga y tu sentido del humor inigualable. No te limites, incluye todo lo que se te ocurra, lo que tú piensas, lo que te hayan dicho otras personas, los cumplidos que alguna vez recibiste. Escríbelo todo.

4. Cuando termines tu carta, métela en un sobre con los datos necesarios. Envíatela por correo o paquetería y cuando la recibas léela con calma y con asombro. Asúmete como esa mujer fabulosa y digna de amor que eres.

Ritual
transformador

1. Siéntate cómodamente, cierra los ojos y respira profundo. Presta atención a las sensaciones que surgen. ¿Sientes dolor en alguna parte? ¿Puedes identificar la tensión acumulada en ciertas áreas?

2. Pregunta en silencio, ¿qué me estás tratando de decir? Espera la respuesta. Quizá sea algo así como «estás trabajando mucho», o «no me estás alimentando lo suficiente».

3. No dejes que tu mente tome el control de la situación. Este es un momento para dedicarle atención solo a tu cuerpo.

4. Pregúntale qué necesita para estar mejor. Cuando obtengas la respuesta, cumple con dárselo. Descansa, duerme, estírate, cómete esa fruta que necesita, hazte un masaje para descontracturar tus músculos. Ve a terapia. Haz caso de lo que tu cuerpo te está pidiendo.

7

Limpieza profunda

A unque este libro está principalmente enfocado en lograr un equilibrio en nuestro interior para así poder vivir de una manera más balanceada y pacífica (menos *superwoman* y más *happy woman*), no puedo seguir de largo sin hablar de un aspecto que considero importante: el orden en las cosas que nos rodean. Porque, como todo en la vida, esto también está conectado. El orden exterior afecta el interior y viceversa.

En 2011, investigadores de la Universidad de Princeton publicaron un estudio en el que demostraron que el desorden afecta nuestra concentración. La corteza visual se sobreestimula por objetos irrelevantes. Nos distraemos y, literalmente, se nos va el avión de lo que estamos haciendo. Por eso es difícil cocinar cuando hay platos sucios por todos lados, o maquillarte cuando tus productos están repartidos en varios cajones. A todas nos ha pasado que estamos tratando de encontrar una camiseta, pero nuestro clóset nada más no coopera y en gran parte es porque no podemos ver lo que tenemos. Está comprobado que el orden nos hace bien y que entre más limpios y ordenados tengas tus espacios, tu ánimo mejorará. **La paz visual se traduce en paz mental.**

Por eso te propongo que hagas una limpieza de los espacios de tu casa y área de trabajo. Pero antes de empezar a sacar, organizar, acomodar y deshacerte de cosas, es importantísimo que sepas por qué lo estás haciendo. Tener una visión clara es crucial para lograr buenos resultados. ¿Quieres deshacerte de todo y empezar de cero? ¿Le vas a entrar al minimalismo? ¿Se te antoja que tu casa parezca sacada de Pinterest? ¿Te quieres sentir más ligera? ¿Estás deshaciéndote de lo viejo para dar espacio a lo nuevo? **Necesitas tener muy clara tu meta para que, cuando la hueva se apodere de ti, puedas seguir adelante.**

Si no lo uso y ni me acordaba de que lo tenía, va para afuera

Para mí, hacer limpiezas profundas es catártico. Empiezo sacando objetos y termino en una liberación espiritual profunda. Ya sé, suena medio extremo, pero a estas alturas ya me conoces. No debe sorprenderte que todo lo llevo a un proceso interno. Cada determinado tiempo considero que ya estoy rebasada de objetos, y que necesito crear espacio. Me tomo el día libre y ataco una sección de la casa. Saco todo, lo pongo en el piso y empiezo a seleccionar.

Mi método consiste en hacerlo rápido para no distraerme. Si dejo que mi mente participe demasiado en el proceso, termino inmersa en el recuerdo de cada cosa que veo. El día que fui con mi familia al bosque y traía ese vestido, la señora en Coyoacán a quien le compré esa pulserita, la receta que podría hacer con esas habas enlatadas. Sí, uso el método de tomar cada cosa entre las manos y hacerme la pregunta mágica de Marie Kondo:

> *«¿Te hace feliz?». La respuesta es inmediata: sí o no, y punto. Nada de felicidad a medias.*

Con esto en mente, hago cuatro montones: lo que me voy a quedar, lo que mudaré a otra parte de la casa, lo que va para afuera y lo que va a la basura. No tengo cajas especiales, ni etiquetas de colores ni nada de esas cosas. Lo mío es salvaje e impulsivo porque eso es lo que me funciona. Tú puedes hacerlo a tu manera y a tus tiempos; lo importante es que lo hagas. Decide qué tanto tiempo le vas a dedicar. **Hacer una limpieza profunda no es cosa fácil, de hecho, es desgastante, tanto física como emocionalmente.** Yo por lo general termino exhausta, deshidratada, con dolor de cabeza y a veces hasta con ganas de llorar. Me gustaría decirte que estoy exagerando, pero no; me pongo bien delicadita cuando hago limpieza.

Una vez que hayas sacado todo lo que no necesitas, tienes que decidir qué vas a hacer con esas cosas. Mis recomendaciones son:

● **Donación.** Para mí, darle algo útil a otra persona es uno de los regalos más grandes e importantes que podemos hacer. Hay muchas personas viviendo situaciones menos privilegiadas que nosotras a quienes de seguro les servirá algo de lo que tenemos. Investiga sobre asociaciones, casas hogar, comedores comunitarios o personas de escasos recursos en tu zona. Asegúrate de que estén en buen estado y limpias. Empaquétalas y entrégalas dignamente, no en cajas o en bolsas de basura. La manera en la que das es muy importante para quien recibe. No hace falta postearlo en redes sociales ni contárselo a todo el mundo. Hazlo de corazón y con la simple intención de dar sin tener que recibir nada a cambio.

● **Trueque.** Proponles a tus amigas que ellas también hagan limpieza y organicen una reunión para intercambiar cosas. Esto se puede hacer con todo: desde ropa, zapatos y accesorios (incluso pueden organizar un desfile de modas usando las prendas de todas), hasta utensilios de cocina y juguetes. Es padrísimo darle un nuevo uso a los objetos que alguien más tuvo y amó. Además, es un buen aprendizaje para los niños, tanto en cuidar lo que se tiene, porque más adelante será de alguien más, como en apreciar lo que se nos heredó. Ese chip de que todo tiene que ser nuevo siempre no viene al caso y es nocivo para el ego, el planeta y nuestra economía.

- **Venta.** Si tienes cosas que crees que vale la pena vender, hay muchas plataformas de segunda mano para hacerlo. Desde Mercado Libre hasta páginas locales de Facebook Marketplace. Con frecuencia tenemos algo que es justo lo que otra persona está buscando. Es muy importante que seas honesta sobre las características de lo que estás vendiendo, pues no hay nada más chafa que te vendan gato por liebre. No seas esa persona nunca (yo sé que no lo eres porque solo una tipaza estaría leyendo un libro sobre cómo ser mejor persona). Y recuerda, siempre que compres y vendas objetos a desconocidos, toma tus precauciones tanto económicas como de seguridad personal.

La otra limpieza: la digital

Me sigue resultando extraño pensar que nuestro mundo digital ocupe una parte tan grande de nuestras vidas. Y de alguna manera abarca tanto la parte externa como la interna. Por un lado, está el aspecto físico que ocupan nuestros aparatos electrónicos (desde celulares hasta cables y audífonos), y por otro el espacio que ocupan en nuestra psique, así como la saturación que provocan a nuestros sentidos.

La parte de los aparatos físicos es la más fácil de limpiar y va más o menos así: saca todo, ponlo sobre la mesa, pregúntales a los demás miembros de la familia si necesitan algo (no si quieren, si necesitan), vende lo que tiene algún valor en el mercado y desecha lo demás en un lugar apropiado. Hay centros especializados de recolección de basura electrónica, pues no se deben tirar a la basura normal. ¡Y listo!

Pero **ahora pasamos a la parte retadora, limpiar lo que no se ve: poner orden en tu cibermundo. #Traz.** No me odies, te prometo que va a estar padre y te vas a sentir mucho más ligera y feliz cuando termines. Porque, sé sincera, ¿qué tanto tiempo de tu vida pasas pegada a tus aparatos? ¡Exacto, yo también! Por eso vale la pena que sean un lugar de gozo y ocio, no de estrés y mala onda.

El tema de la tecnología se ha puesto tan grave que en la psicología moderna ya es considerado una adicción conductual que puede ser diagnosticada y tratada con la misma formalidad que la adicción por el juego y la adicción sexual. Cada vez que recibimos un *follow*, un *like* o ganamos en un videojuego, nuestro cerebro segrega dopamina y otros químicos que nos hacen sentir bien. A nivel neurológico, se crea una necesidad de recrear ese sentimiento. Y es ahí cuando nos enganchamos.

No me lo tomes a mal, yo amo la tecnología con todo mi ser. El hecho de que podamos estar conectadas con gente de cualquier parte del mundo, el acceso a la información, al arte, las fotos, ¡uff! Es lo mejor de nuestros tiempos y, a la vez, uno de nuestros más grandes retos, porque **cuando estamos conectadas a la red, estamos desconectadas de la realidad física.** Pero este no es un libro sobre lo malo que pueden ser los aparatos ni cómo nos están chupando la energía y la productividad. ¡Cof, cof! Aquí lo importante es retomar el control sobre nuestro tiempo y usar los aparatos solo cuando queramos y no 24/7. **Trata tus aparatos como si fueran postre, no el platillo principal.**

Señales de que necesitas un respiro tecnológico:

- **Pasas mucho más tiempo en tus aparatos de lo que quisieras.** Tienes un *break* de unos minutos en el trabajo y decides meterte al Face a ver qué onda. Ves que tu amiga de la prepa se fue de vacaciones con otras amigas y te pones a ver las fotos. Te das cuenta de que, en los comentarios, tu ex de hace 20 años puso algo, entonces te metes a su perfil, empiezas a espiarlo y resulta que tiene novia. No tan guapa (según tú), pero te da curiosidad y te vas a su perfil. Estás viendo todas sus fotos, los cambios de *look* que ha tenido a lo largo de los años y trabajos. Te vas tan atrás en su *timeline* que te topas con fotos de ella y su ex. Te metes al perfil del ex y estás viendo qué onda con él... ¡Güey, ya! ¿Neta estás perdiendo el tiempo viendo el perfil de un tipo al que no conoces y que es completamente irrelevante en tu vida? Tú eres mejor que eso.

- **Te sientes culpable.** Así como cuando te gana el antojo y te tragas una bolsa entera de papas con salsa Valentina. Primero, todo es felicidad y qué rico, pero después viene el bajón de «¿Neta hice eso?». Mientras, te retuerces por la gastritis y te das cuenta de que, con haberte comido la mitad de las papas habrías estado bien. Si estás pegada a internet todo el día y eso te provoca una sensación similar, necesitas bajarle.

- **Te URGE checar tu celular.** No es lo mismo usar tu celular cuando necesitas ver la información del chat escolar o contestar un correo, que cuando tienes impulsos por ver qué está pasando en las redes justo al encontrarte a la mitad de otra cosa. No hay nada más molesto que estar con tus amigas y que se la pasen viendo sus redes a la mitad de una plática. No seas esa persona.

- **Ver la vida de los demás está afectando a tu autoestima.** Internet y en especial las redes sociales están llenas de mentiras, cuerpos perfectos, viajes por el mundo, platillos increíbles y fiestas extravagantes. Es una vitrina que usamos para presumir. Todas lo hacemos, pero si eres como yo y de repente te da el bajón y sientes que tu vida no es tan padre, que tienes menos cosas, que eres más ordinaria y aburrida que las demás... *Stop* y aléjate. *La comparación es nuestra peor enemiga.*

- **Sientes que no te alcanza el día.** Okey, los aparatos son parte inevitable de la vida moderna, pero estar surfeando la red un martes a las cuatro de la tarde solo porque sí, no es necesario ni productivo. Te aseguro que *si limitas tu tiempo en línea vas a recuperar muchas horas de tu día para hacer otro tipo de actividades* que te van a brindar mucho mayor bienestar.

Okey, *let's do it.* Mi mejor consejo es tener fuerza de voluntad, pero si eres de las que llegó tarde a la repartición, hay otras opciones, como las apps que te limitan el tiempo, te bloquean el aparato o te mandan recordatorios de que es hora de bajarle. Algunas incluso te humillan un poco para que te sientas mal y te desconectes, aunque nada será tan efectivo como decidir y querer cortar con tus aparatos. Aplica la clásica de «no eres tú, soy yo» y apágalo, déjalo en la casa y salte por unas chelas con tus amigas. Te aseguro que no va a pasar nada si no incluyes tu celular en todo.

147

La comparación es nuestra peor enemiga.

Y ya que andamos en el tema, no puedo pasar a lo que sigue sin compartirte un #Fact sobre las redes sociales. Como el espacio virtual no es tangible, es fácil pensar que todo lo que acumulas en redes no tiene importancia en tu vida o es irrelevante, pero créeme, influye muchísimo. Todas esas páginas, bloggers, youtubers e influencers a las que sigues también son parte de tu realidad. Su contenido te puede hacer sentir bien, mal, confundirte e incluso ponerte de malas. Seguirlas o no también es una decisión: no porque alguna vez te gustó lo que alguien publicaba te tienes que quedar ahí para siempre. Quien publica cambia, y tú también cambias. Como en toda relación en tu vida, vale la pena decidir con cuáles te quedas y a cuáles dejas ir. El botón de *unfollow* tiene un poder liberador y se supervale que lo uses siempre que lo sientas. Acuérdate de que eres la curadora del contenido que consumes. O sea, eres la Ana Wintour de tu *Vogue* y tienes el poder de decidir qué merece estar dentro y qué está *out* de la revista virtual de tu vida.

Lo que en verdad necesitamos limpiar

Sabemos que hacer limpiezas centradas en el exterior es fundamental para eliminar lo que no necesitamos y crear espacio para lo nuevo. Pero ¿qué pasa con todo lo que acumulamos en nuestro interior? Así como nuestros espacios se llenan de objetos que ya no tienen razón de ser, nuestra cabeza y emociones también van acumulando cosas que no nos sirven: sentimientos de enojo, frustración, resentimientos y apegos. Limpiar nuestra «casa interna» nos ayuda a renovarnos emocionalmente y nos permite asegurarnos de solo cargar lo que nos es útil y está alineado con nuestro propósito.

Quizás, mientras lees esto, tienes cara de *what* y piensas algo como «yo no acumulo sentimientos, ¿a qué se refiere esta mujer?». Pero si alguna vez has estado haciendo algo y de pronto pasa otra cosa que te provoca una emoción que parece estar fuera de lugar, te tengo noticias: eres acumuladora. Pero no te preocupes, todas lo somos de alguna forma u otra.

Seguro te ha pasado, estás haciendo algo trivial, como esperando a que tus amigas pasen por ti; se les hace tarde, se les olvida avisarte que se atrasaron, ya estás lista y esperándolas, pero no llegan. De la nada, en tu cabeza empieza a correr la película de tu niñez, te vas directo al recuerdo de que tu padrastro siempre llegaba tarde por ti a la escuela y eras la última en irte. De repente, te acuerdas de la pena que te daba y de cómo nunca te atreviste a decirle nada. En cuestión de minutos te transportaste emocionalmente al pasado y ahora, aunque estás en una situación por completo distinta y han pasado años, te dan ganas de llorar. No sabías que traías eso cargando hasta que algo lo desencadenó y ahí está el sentimiento viajando en el tiempo para decirte «¡hola!».

Las emociones funcionan de maneras muy extrañas. Algunas las llevamos a flor de piel, mientras que otras se esconden en las profundidades de nuestro inconsciente y solo se manifiestan cuando algo las provoca. En un minuto, las aguas están tranquilas y, al siguiente, un tiburón blanco sale al ataque. **Pensar que vamos a deshacernos de nuestras emociones no es realista, e incluso sería terrible.** Seríamos robots que solo ejecutan acciones. No, gracias. En cambio, me encanta la idea de ver lo que llevamos dentro, identificar si es algo que nos sirve o no, y soltar lo que ya no queremos.

El arte de soltar

Aferrarte a una emoción no cambia nada. Ni el pasado ni el presente ni lo que va a ocurrir. Es solo tu mente creyendo que está haciendo su labor: guardar cosas en tu disco duro por si alguna vez las necesitas. Y así como guarda recuerdos y sensaciones placenteras, como la emoción de tu primer beso, el olor del perfume de tu abuela, el ataque de risa en el que casi te haces pipí y las mariposas en la panza que sentiste cuando te aventaste en paracaídas del avión, también guarda la vez que tu papá te regañó tan feo que pensaste que ya no te amaba, cuando te cacharon en una mentira, la culpa de la borrachera en la que le dijiste a todos sus verdades y el miedo que te da estar sola.

Si nuestro inconsciente fuera un antro, nuestra mente sería el peor cadenero de la historia: deja pasar a todo el mundo. A los buenos, los malos, los colados y a los que les gusta molestar. Como el pasado, que es especialmente problemático, pues, aunque no hay nada que podamos hacer para cambiarlo, nos repite una y otra vez las cosas que sucedieron, lo que nos hicieron sentir, lo que pensamos, dijimos y hubiéramos querido que fuera diferente.

El tema es que cargar con estos eventos y recuerdos no nos sirve de nada. No nutren, no definen, no suman, solo están ahí. Lo malo es que no podemos borrar nuestro chip ni darle *reset* a nuestras experiencias de vida. Lo que sí podemos hacer es aceptar lo que fue y decidir qué tanta importancia queremos darle a esas vivencias. **Somos las escritoras, directoras y protagonistas de esta película** y está en nuestras manos decidir qué tanto vamos a dejar que estos momentos se vuelvan escenas principales en nuestra historia. ¿Vale la pena que ese momento, cuando ibas en primaria y tenías un *cheeto* en el diente mientras te hablaba el niño que te gustaba, defina toda tu vida amorosa? Ajá, yo tampoco lo creo.

Últimamente me he dado cuenta de que está muy de moda la palabra y el concepto de «soltar», incluso yo doy un taller padrísimo que sirve para identificar lo que sientes y lo que quieres dejar ir. No obstante, también soy la primera en decirte que no es tarea fácil y requiere de muchísima valentía. Con base en mi experiencia personal y después de haber tomado muchas sesiones de terapia, haber hecho ceremonias de corte energético y varios rituales mágicos, te quiero compartir lo que en realidad me ha funcionado:

- **Acepto las cosas que no puedo cambiar.** Lo que pasó, pasó, lo que hice, ya lo hice, y lo que dije, ya lo dije. No hay nada que pueda hacer para cambiar el pasado. Cuando mis «historias» salen a flote, las veo, me pregunto qué aprendí de ellas y me regreso al presente. Aquí es donde sucede la vida y donde puedo tomar decisiones claras y conscientes. No sirve de mucho sobreanalizar lo que ya fue.

- **No me tomo demasiado en serio.** Cuando me acuerdo de algo que hice mal o que me da vergüenza, me río. Parte de ser humana es cometer errores y aprender de ellos. Equivocarnos no es el fin del mundo. Muchas veces somos demasiado autocríticas y dramáticas con lo que creemos que hicimos mal. *Relax,* nada es para tanto. Además, nadie te está poniendo tanta atención como crees.

- **Me expreso.** Le digo a la gente a mi alrededor lo que pienso y siento. Comunicarnos de una manera racional y tranquila es importantísimo para no acumular sentimientos y emociones. Es mucho más recomendable ir hablando las cosas conforme surjan, en lugar de esperar a que se acumulen y aplicar la típica de gritarle a alguien las «verdades» que llevas cargando por una década.

○ **Me doy chance de no estar bien.** La pérdida de un ser querido, una ruptura amorosa o amistosa, un cambio abrupto de vida, una crisis existencial o una pandemia. Todos estos son ejemplos de que las cosas no siempre suceden como las esperamos y eso causa estragos en nuestras emociones. Darle espacio al duelo y a la tristeza es importante para poderlas transitar. Podemos fingir ante el mundo que no pasa nada, pero el choro interno no funciona. Nosotras sabemos la verdad, así que no vale la pena hacer el esfuerzo por autoengañarnos.

○ **Aprendí a perdonar.** El resentimiento nos mantiene en el pasado y no nos permite evolucionar. Cuando perdonas a una persona que te hizo daño, eres tú quien se está liberando, así ya no tienes que cargar con el dolor y el enojo que te causaron. Supongo que visto desde una perspectiva externa es un acto más egoísta, pero creo que se supervale. Acuérdate que tú eres quien tiene que cuidar de ti, tanto física como emocionalmente; andar por la vida cargando malos recuerdos es como veneno para tu alma. *Let that shit go.*

Carl Jung dijo: «No soy lo que me ha pasado o lo que me han hecho, soy lo que decido ser». En esas palabras hay una gran lección. No somos nuestras experiencias pasadas, ni nuestro dolor, ni emociones enterradas. Tampoco somos lo que otra gente cree ni lo que proyectan sobre nosotras.

Somos lo que decidimos ser y construir.

Las personas tóxicas

Así como hay emociones que viven dentro de nosotras y nos van afectando, también hay personas que se meten en nuestra vida, se nos pegan cual sanguijuelas y nos drenan la energía. A esos individuos se les conoce como tóxicos o, como a mí me gusta llamarlos, agentes del *dark side*.

Según la psicoterapeuta australiana Jodie Gale, las personas no son tóxicas en sí mismas, sino que los comportamientos y relaciones entre ellas hacen que se vuelvan presencias negativas. A todas nos pasan cosas desagradables, pero hay quienes aprendemos de esas experiencias y buscamos salir adelante. También están quienes no se hacen responsables de sus heridas, sentimientos y acciones. En consecuencia, al tratar de satisfacer sus necesidades afectivas, lo hacen de la peor forma: adoptan el rol de víctima, *bully*, perfeccionista o de mártir. O sea, el problema no es la persona, sino el hecho de que esta actúa desde el dolor, manipulando a los demás para no sentirse lastimada. La toxicidad es en realidad su mecanismo de defensa.

Tu amiga que acapara la plática y siempre quiere hablar sobre ella; tu mamá que te hace sentir culpable cuando no le has llamado en dos días; tu pareja que te chantajea emocionalmente para que no tengas amigos hombres. Todo es dolor, ya sea abandono, miedo al olvido, inseguridad o enojo. La gente no se hace de una personalidad y de unas formas solo porque sí, todo viene de algún lado. Y de alguna manera es válido, pero cuando alguien te empieza a pisotear y quitar la paz, es momento de poner tus límites.

Es muy común que las personas con actitudes tóxicas hagan dramas o estén envueltas en conflictos, sean manipuladoras, controladoras, usen a otros para lograr lo que necesitan, sean en extremo criticonas, celosas, envidiosas, narcisistas y ensimismadas. Pero como dice el dicho: «Nunca falta un roto para un descosido». Es decir, **para que haya una relación tóxica se necesitan dos personas, la que trae consigo la toxicidad y quien la permite.** ¡Pum! Ya solté la bomba. Ahora me voy a alejar lentamente... ¡No es cierto! Aquí sigo contigo. Pero grábate esto que acabas de leer: para que una interacción alcance el nivel de ser considerada tóxica, es necesario que ambas partes hayan creado una dinámica inconsciente que la alimenta.

¿Cómo identifico que estoy en una relación tóxica?

- Lo que ocurre con esa persona te afecta emocionalmente.

- No puedes con su «drama».

- Te da flojera o miedo estar en su presencia.

- Te sientes drenada de energía o enojada cuando está contigo.

- Te sientes mal y te avergüenzas de ti misma por comentarios y actitudes que tiene hacia ti.

- Sientes que te toca «salvar», arreglar o cuidar a esa persona.

- Antepones sus necesidades a las tuyas.

◉ Cargas con el sentimiento de siempre tener que estar cuidando lo que sucede para evitar que pase un mal rato.

◉ Te sientes controlada.

¿Algo de esto te suena? ¿Te lo han hecho? ¿Lo has hecho tú? Te lo pregunto directamente porque muchas veces somos incapaces de notar que las tóxicas somos nosotras. Y claro, no es a propósito ni con mala intención. Recuerda que una herida que no está bien cerrada puede volver a sangrar, y no es infrecuente que lastimemos a quien más queremos en el proceso. ¡Aguas con eso!

Cuando tenía tres años, mi papá «se fue por los cigarros». De un día para otro desapareció de mi vida y no se volvió a acercar nunca más. Fue una experiencia devastadora para mí, pero no quería mostrar mi dolor ante nadie. Me volví tan buena en fingir que no me afectaba que mi mamá incluso empezó a dudar de que me acordara de él. Pasaron los años y empecé a tener novios. No importaba si eran noviecillos de la escuela o más adelante parejas formales, siempre seguía el mismo patrón: era yo quien mandaba, yo era el centro de atención y se hacía lo que yo quería. Les dejaba muy en claro que no eran indispensables y que, en el momento que quisiera, los podía mandar a volar. Y así lo hacía. Sobra decirlo, pero mis relaciones no funcionaban.

Me tomó muchísimos años darme cuenta de que no era que tuviera «mala suerte en el amor», sino más bien yo era medio *toxiquish*. Había varias cosas en mi historia de vida que requerían ser sanadas para poder tener una aproximación más sana al amor. Entonces fui a terapia y las trabajé. No voy a entrar en detalles, pero resulta que mis *issues* de abandono paternal tenían mucho que ver en mis dinámicas fallidas de pareja.

Te cuento esto porque tendemos a apuntar con el dedo, pero a veces el problema no es el otro sino nosotras. Si te identificas con algo de lo que estoy diciendo, te recomiendo que lo trabajes y busques apoyo para sanar. Hazlo por ti y por las personas con las que te relacionas, pues merecen ser tratadas y amadas de la mejor forma, desde la parte bonita de ti.

¿Qué hago para lidiar con una persona tóxica?

- **Habla con la persona.** De la manera más clara y asertiva que puedas, dile cómo te sientes: «Cuando dices/ actúas de _____ forma, yo me siento _____. Necesito que _____. Te estoy compartiendo esto porque _____».

- **Establece tus límites.** Sé clara contigo misma y decide hasta dónde estás dispuesta a permitir.

- **Cuida de ti misma.** Tú eres prioridad. Después de ti, vienen las necesidades de las demás personas.

- **Analiza la relación.** Para ello, tendrás que preguntarte por qué estás metida en esa dinámica. ¿Qué parte de ti siente que la necesita?

Si después de hablar con la otra persona permanece la dinámica de toxicidad, el comportamiento del otro no cambia, o la relación se vuelve demasiado dañina para ti, decide si vale la pena mantenerla en tu vida. **Terminar una relación de pareja, familiar y amistad es doloroso, pero quedarte donde no es sano es más doloroso aún.**

> *Soltar a quien te hace daño crea espacio para nuevas y mejores relaciones.*

Cultiva amistades sanas y sólidas

A estas alturas, ya quedó superclaro quiénes son las personas a las que debemos mandar a la sección de gayola en nuestro auditorio personal. Pero ¿quién merece un lugar vip? **No hay nada más hermoso en la vida que saberte acompañada por personas que te quieren, aceptan, celebran y apoyan tal y como eres.** Así como una mala amiga puede drenarte de energía vital, una buena puede recargarte y dejarte como nueva. Por eso es tan importante rodearte de la gente correcta.

Las amistades han sido un tanto extrañas en mi vida. Algunas las he tenido desde niña y son por completo circunstanciales: estuvimos en el mismo salón toda la primaria, crecimos juntas y, en consecuencia, surgió la amistad. Casi que no nos quedó de otra, pero nos sentimos como hermanas y nos amamos con intensidad. Otras empezaron siendo amigas de amigos y con el tiempo se volvieron más mías que suyas. También están las que se volvieron mis amigas porque son las mamás de los amigos de mis hijos, a quienes ahora amo profundamente. Y asimismo tengo varias que ya ni me acuerdo cómo es que llegaron, pero que ya son inquilinas de confianza.

He aprendido que hay amistades que son para toda la vida y otras que son temporales. **Toda amistad tiene su momento y su razón de ser, y toda persona a la que hemos dejado entrar en nuestra vida nos ha aportado algo.** Algunas se quedan, otras se van y no pasa nada. Nosotras cambiamos y los otros también. La vida se trata de eso. Así, resulta natural que las amistades vayan y vengan.

Hay quienes se mantienen en contacto con toda la gente de su pasado y la siguen frecuentando, pero yo hago todo lo contrario. Si por algo nos alejamos y pierdo el interés, doy por terminada esa amistad. Sé que dicho de esa manera suena cruel, pero prefiero ser honesta con mis acciones que fingir amistades y relaciones que ya no me interesan. El compañero de trabajo de cuando era recepcionista a mis 16 años, el exnovio de mi amigo, la señora con la que estudié nutrición, mis compañeros de la primaria... Hay personas que se quedan en mi vida y hay otras que, simplemente, hacen *fadeout* y la verdad es que no me da culpa. **Te voy a compartir un tip de vida: no tienes que ser amiga de gente que te da hueva o te cae mal. De nada.**

Estas son solo algunas de las ventajas de tener buenas amistades:

- Te da un sentido de pertenencia y propósito.

- Incrementa tu nivel de felicidad y reduce tu estrés.

- Hace crecer la seguridad en ti misma.

- Te ayuda a sobrellevar los grandes cambios de la vida: tener hijos, divorciarte, cambiar de trabajo, mudarte de ciudad o redireccionar tu vida.

Olvídate de las actividades que no te apasionen

Okey, ahora quiero hablar de algo grande y delicado: tu trabajo. Sé que es un tema sensible porque la mayoría de las personas hemos pasado por ahí; en algún momento nos apasionaba lo que hacíamos y con el tiempo se fue acabando la chispa hasta quedarnos con ese sentimiento *meh* tan horrible.

Claro que es normal tener malos días laborales, incluso es aceptable que esos días se conviertan en malas rachas. Es común saturarnos y cansarnos cuando trabajamos en exceso y hasta diría que no es infrecuente tener la fantasía de renunciar a todo para irnos a vivir a una playa nudista. Créeme, esto de ser adulto y tener responsabilidades nos pesa a todos. Lo importante es mantener el equilibrio entre las dificultades y los placeres. Si llega un momento en el que la pasas más mal que bien, o hay algo dentro de ti que ya no resuena con lo que estás haciendo, vale la pena preguntarte: ¿cómo me siento haciendo esto?, ¿aún me gusta?, ¿me hace feliz?, ¿me siento plena? Si la respuesta es un no rotundo, es hora de pensar en un plan B, C, Y o en el que vayas.

Quizás hayas luchado por años para estar en el puesto que tienes ahora, o quizá trabajas en algo, lo que sea, porque eso es lo que estaba disponible en un momento determinado. No hay trabajos buenos ni malos. Hay trabajos para ti y trabajos que no van contigo, y esa es la parte en la que te debes enfocar.

¿Estás donde debes estar? De no ser así, ¿estás dispuesta a moverte de ahí? Te pregunto esto por mero trámite porque tú sabes muy bien cómo te sientes al respecto. Seguramente, tu intuición te ha dicho lo que le gustaría hacer: es cuestión de escucharla, tomar la decisión y empezar a caminar en la dirección que te indica. Claro que da miedo, pero si sientes desde lo más profundo de ti que te hace falta un cambio es porque en verdad lo necesitas. Yo desde aquí te echo porras. ¡Tú puedes, vamos!

Algunos tips para cambiar tu rumbo laboral:

- **Acuérdate de lo que soñabas ser de niña.** ¿Existe? O sea, me refiero a que si es posible, porque si querías ser hada mágica del bosque quizá sea difícil lograrlo… Aunque no imposible, te recuerdo que existen las escuelas de sirenas.

Pregunta. Cuando te encuentres con gente que se dedica a lo que te gustaría hacer habla con ellas, investiga qué se tiene que estudiar o cómo se prepararon. Acepta sugerencias o incluso aprovecha para ofrecerte como su aprendiz. Nunca sabes si de ahí puede surgir una oportunidad padre.

Busca en internet. La red contiene toda la información del mundo y está al alcance de nuestros dedos. Quizá lo que quieras hacer no exista en el lugar donde vives, pero sí en otra ciudad a la que podrías mudarte, y así aprovechas y cambias tu vida entera. ¡Yei, qué emoción!

Hazte a la idea de ser principiante. Cuando empezamos algo nuevo casi siempre cometemos errores. No seas dura contigo misma, date chance de aprender tu nuevo oficio. Si te pones demasiado rígida y buscas la perfección, lo más probable es que te rindas al principio de tu aventura.

Si lo piensas bien, en nuestra vida adulta pasamos por lo menos la mitad de nuestro tiempo trabajando, es por ello que vale la pena hacer algo que en realidad nos guste. Okey, no todas vamos a poder vivir nuestro máximo sueño. Yo, por ejemplo, estoy un poco grande para irme a trabajar al circo y ser contorsionista. Lo que sí podemos hacer es algo que, en una escala del uno al 10, al menos sea un ocho.

Ya que hablamos de lo que nos apasiona y complementa nuestra vida, quiero referirme a otro tema en ese mismo canal: el resto de tus actividades. Del mismo modo en que algunas personas y trabajos no merecen un lugar en tu vida, hay actividades que tampoco lo ameritan. La clase de yoga que no te convence, el taller de arreglo floral que te parece aburrido, pero que sientes la obligación de terminar por ya haberlo pagado, el curso en línea al que te inscribiste durante la pandemia, pero que ya no soportas. **Todas las cosas a las que les dedicas tu tiempo consumen tu energía. Por ello, te recomiendo que evalúes si vale la pena que ocupen un lugar en tu calendario.** ¿Cuántas veces no te has quedado haciendo algo que ya no te suma ni te interesa por la mera flojera o cobardía de salirte? Sé honesta, ¿crees que vale la pena? Mmm, eso pensé. Entonces, ¿qué vas a hacer para cambiar esa dinámica y llenar tus días de cosas interesantes y padres?

Aunque tus *hobbies* tal vez no tengan la misma importancia que tu trabajo, créeme que vale la pena que tengas uno (o varios) que enciendan chispas dentro de ti. A mí, por ejemplo, me encanta el tarot, llevo más de cinco años estudiándolo y cada vez me parece más fascinante. Es de esas cosas que nunca terminas de entender, porque hay muchas representaciones distintas y cada una se interpreta de otra manera. Tomo clases, leo al respecto, investigo, pregunto y descubro. Verdaderamente me interesa y cuando lo practico me consume por completo, de la mejor forma. También me gusta la danza aérea y aunque los horarios son un poco una pesadilla porque están pensados para acróbatas y no para señoras como yo, hago el esfuerzo por incorporar al menos algunas clases a la semana al calendario familiar. Te podrás preguntar «¿para qué haces esas cosas si no son necesarias?». Y mi respuesta es: Sí las son, porque yo las necesito para estar bien, y eso es suficiente para que merezcan un lugar en mi vida.

Estoy convencida de que esos pequeños placeres que nos damos en tiempo y energía son los que suman para que tengamos una existencia más feliz. Son partes de nuestro rompecabezas, y todas las piezas en conjunto, nos conforman.

Somos lo que decidimos ser y construir.

Pequeño ejercicio, grandes resultados

Limpia tu círculo social

Vas a necesitar tu cuaderno mágico especial. Escribir en la parte superior «Limpieza profunda». A continuación, anota esta lista de preguntas que deberás responder al final.

- ¿Has notado que alguna persona o situación saca lo peor de ti?
- ¿Cómo actúas?
- ¿Por qué te molesta?
- ¿Es algo que quisieras cambiar?
- ¿Qué acciones crees que necesitas hacer para que las cosas sean diferentes?
- ¿Cuál es tu estrategia y plan de ataque?
- ¿Cuándo vas a empezar?

Sé sincera en tus respuestas. Acuérdate de que no vale la pena tratar de engañarte porque muy en el fondo sabes lo que quieres. Si no estás segura de cómo hacer cambios o romper dinámicas, busca un apoyo externo. Una buena amiga, un familiar, pareja o terapeuta te puede acompañar en el proceso. Salir de tu zona de confort a veces es incómodo, pero siempre vale la pena porque es ahí donde vive tu verdadero potencial.

Ritual transformador

la limpieza del interior

Para este ritual vas a necesitar:

- Hojas de papel para escribir
- Pluma
- Encendedor o cerillos
- Recipiente a prueba de fuego; un tazón de vidrio funciona perfecto

1. Con tus materiales a la mano, siéntate en una silla y ponte cómoda. Asegúrate de que tus pies estén tocando el piso. Es importante la conexión con la tierra. Cierra los ojos y respira profundamente hasta que te sientas tranquila.

2. Cuando estés lista, empieza a escribir en el papel todo lo que quieres dejar ir, desde lo material hasta lo emocional. Deja que salga todo lo que vaya surgiendo dentro de ti. Todo es válido.

3. Cuando hayas terminado de escribir, cierra los ojos de nuevo, inhala y exhala con fuerza por la boca.

4. Coloca tus hojas dentro del recipiente y préndeles fuego. Observa cómo se consumen y dales las gracias por haber estado en tu vida.

5. Cierra los ojos otra vez y permítete sentir la ligereza de haber soltado.

8

La relación perfecta

no existe

Así es y de verdad lo creo. La razón por la que la relación perfecta no existe es porque las personas perfectas tampoco existimos. Existimos personas padres echándole un chingo de ganas, pero creo que la palabra *perfecta* nos queda grande, y está bien. En mi opinión **la perfección está sobrevalorada de cualquier forma.**

Lo que sí existe es encontrarte con personas que son un *match* para ti; con quienes puedas compartir vida cotidiana, pasar los domingos, ver series, ir a reuniones, hacer chistes locales y quejarte del trabajo. Y así como con tus amistades, es importantísimo aprender a elegir quién es un buen elemento que suma, con la esperanza de que, si todo sale bien, se quede a acompañarte a través de los grandes procesos de la vida como tener hijos, volverse parte de tu familia, compartir responsabilidades (y a veces hasta cuentas de banco), cambiar de profesión, reinventarte y mostrarte como eres. ¡Equis! Ja, ja, ja.

El tema es que, a veces, aun sabiendo lo que buscas en una persona e incluso haciendo *match*, hay relaciones que no funcionan. Una cosa es querer que lo que tienes sea eterno y otra muy distinta es que en realidad así suceda. Aquí hay una verdad que se tiene que decir: **no todas las relaciones son para siempre.**

Hay parejas que desde que empiezan tienen fecha de caducidad y, aunque no me gusta generalizar, sí he notado que hay circunstancias medio *cliché* en las que el amor rara vez dura. Por ejemplo, cuando empiezas a andar con alguien medio minuto después de haber terminado una relación de años. O la que se dio cuando estabas mochileando por Europa con tus amigas. Tampoco triunfan con frecuencia las que empiezan cuando uno de los dos está en otra relación: típica historia de «ya nos estamos separando, no dormimos juntos, pero vivimos

en la misma casa». Otras a las que no les tengo mucha fe son las que nacen de la fiesta. Entiéndase esto como «a los dos nos encanta estar hasta las chanclas y andamos porque nos aguantamos el paso». Pero, aclaro: no es que tenga razón solo porque yo les vea cara de crónica de una ruptura anunciada, así lo he vivido personalmente o lo he atestiguado entre mis personas cercanas. Aunque debo admitir que he estado equivocada muchas veces y, de alguna forma, me gusta cuando escucho historias de amor que nacieron de situaciones poco probables, pues así reitero que **el amor no conoce de reglas ni limitaciones.** (Inserta la canción cursi de tu preferencia.)

Con frecuencia me preguntan sobre las relaciones de pareja. Quiero pensar que es porque llevo la mitad de mi vida con la misma persona, y por eso suponen que sé algo sobre el tema, pero los años de casada no son los que me hacen buena para el amor. Se trata, más bien, de mi capacidad de discernir. Nunca me he dejado llevar por las ilusiones de mi mente. Ni cuando era soltera y salía con otras personas fui de las que se enamoraba y a los dos minutos visualizaba nuestros apellidos juntos y nuestra vejez en el campo. De algún modo, siempre lo tuve muy claro: **hay gente para divertirse, gente para aprender algo en particular y gente con la que te quedas. Y es todo un arte saberlas diferenciar.**

> *Mi mejor consejo es observar.*
> *Poner atención a lo que hace*
> *la otra persona, cómo se comporta,*
> *las cosas que dice, lo que hace cuando*
> *piensa que no las estás viendo.*

¡No en modo *stalker*! Me refiero a las cosas que hace en automático en su día a día, como la manera en que trata al mesero, si le contesta o no el teléfono a su mamá, cómo maneja, lo que dice sobre sus exparejas, el tipo de amistades que tiene o las películas que le gustan.

Las personas normalmente nos muestran cómo son desde el principio. Somos nosotras quienes decidimos no verlo. A veces por distraídas, y otras porque no queremos estallar nuestras burbujas. Entonces, cuando notamos cositas y se prenden foquitos informativos, decidimos ignorarlos. Y no me refiero a focos rojos, esa es otra cosa, estoy hablando de información de todo tipo que pudiera servirnos, de pistas para conocer a profundidad a las personas con las que estamos.

Cuando mi esposo Bibi y yo nos conocimos, teníamos 22 años. Los dos íbamos saliendo de relaciones largas y estábamos justo en esa etapa de salir a divertirnos y conocer gente. Nos tomó unos cuantos meses de encuentros casuales y eventos desafortunados (los dos estábamos saliendo con otras personas) para por fin lograr una cita y, cuando por fin se nos hizo, me quedó claro que era una persona que valía la pena y a quien yo quería en mi vida. Se le notaba lo decente a kilómetros, fue caballeroso pero no anticuado, divertido pero no destrampado, y de inmediato hicimos clic. Era el hombre «perfecto» para mí.

Por qué es importante que definas las cosas no negociables en una relación

Gran parte de estar en una relación es negociar, llegar a puntos medios entre lo que quiere uno y el otro, o tomar turnos para ceder. Por ejemplo: «Yo no quería ir a la playa, pero sé que tú mueres de ganas, y quiero verte feliz, entonces vamos». **Es muy importante ceder con buena actitud, de lo contrario, no cuenta.** Y así hay muchos otros casos: «A ti no te encanta el pastel de chocolate, pero me haces uno

porque es mi cumple y es mi favorito», o «la verdad no me encanta el nombre Willy para nuestro perro, pero tú soñaste que así se llamaría y despertaste decidido a ponerle así». La vida cotidiana en pareja está llena de estas situaciones. En mi experiencia, no vale la pena pasarla discutiendo. En vez de ello, se llega a acuerdos no verbales: a veces es nuestro turno, y a veces el del otro.

Pero también están los *deal breakers* o rompe acuerdos. Se trata de todas las cosas que, de plano, has decidido que no son negociables para ti. Desde las más superficiales como que no andarías con alguien que usara chanclas con calcetines, o que fuera de estatura más baja que tú, hasta cosas serias como no poder andar con un fumador cuando tú eres deportista, o estar con alguien ateo cuando para ti la religión es importante. Así como todas somos diferentes en los otros aspectos de nuestras vidas, también lo que queremos y permitimos en nuestras relaciones de pareja varía.

Yo, por ejemplo, nunca estaría con alguien que se alimenta mal. Lo intenté una vez y fue un fracaso, no podíamos ir a comer a ningún lado porque yo quería ensaladas y aguas de fruta fresca, y él quería comer en el puesto de hot dogs afuera del antro mientras se empinaba cuatro refrescos. Tampoco aguantaría estar con un hombre que no respeta a las mujeres o que es homofóbico porque me parece una forma de pensar irrespetuosa y cerrada. Hay cosas que no me importan tanto y que podría dejar ir, pero hay otras que las tengo muy decididas y definidas y no hay manera de que me convenzan de dejarlas pasar. Te lo cuento porque creo que parte de tener buenas relaciones es que sepas cuáles son las tuyas, las definas con claridad y seas firme a la hora de pasar a tus parejas por ese filtro.

El primer paso de una relación saludable es saber quién eres tú, lo que para ti es importante, lo que es negociable y lo que no. Sé que suena duro, pero te aseguro que te vas a ahorrar muchos dolores de cabeza y de corazón en el futuro.

La perfección
está sobrevalorada
de cualquier
forma.

Hay muchos temas importantes a considerar. Insisto: todas somos distintas, entonces es difícil definir un bien o mal general. Se trata, más bien, de ubicar qué te funciona y qué no. Lo que para mí es catastrófico, quizá para ti no es cosa seria o incluso es algo que te encanta y justo de eso se trata, de encontrar a tu persona.

Aunque los deal breakers se presentan en todo tipo de categorías, a continuación te presento los factores que causan mayor conflicto entre las parejas. Digo, solo para que los tengas en cuenta.

- **La maternidad-paternidad.** Cada vez hay más personas que tienen posturas claras sobre tener hijos. Y aunque te parezca incómodo, esta es una conversación que se debe tener desde que te das cuenta que tu relación se está poniendo seria. No es algo que puedas asumir o dejar pasar. Mucho menos es algo de lo que debas convencer al otro. Es importante que estén en el mismo canal.

- **Las creencias.** Pertenecer a una religión distinta a la de tu pareja podría no parecer nada serio mientras que la relación no se formalice. Sin embargo, esto es clave definirlo en una relación a largo plazo, sobre todo si se planea tener hijos. No asumas que tu pareja quiere bautizar a sus hijos, por ejemplo.

- **Las finanzas personales.** Las diferencias en el manejo del dinero, definir si una persona o las dos van a trabajar, o si alguno se va a quedar en casa cuando tengan hijos, los presupuestos familiares, los planes económicos, los créditos. Cuentas claras, relaciones largas.

- **Otras personas.** La presencia de terceros es muy común y motivo de mucha bronca: las suegras, los papás, hermanos, exparejas, hijastros. Si tu pareja viene en *combo* con otras personas es importante que lo sepas desde el principio y que decidas si es algo a lo que le quieres entrar. Porque una vez dentro es muy complicado manejar esas situaciones con gracia.

- **Mundos separados.** Es normal que suceda algún tipo de desconexión emocional o sexual a lo largo del tiempo, pero no es saludable permitir que de ser algo pasajero se vuelva permanente. Por eso es tan importante hacer esfuerzos constantes por mantenerse en sintonía. El amor es un músculo, si se trabaja crece y si no se usa se atrofia. Me la volé con la comparación, ¿verdad?

- **Diferencia de hábitos.** Desde la alimentación y ejercicio hasta el consumo de alcohol y drogas. Cuando no estás en el mismo canal que tu pareja, es muy difícil que encuentren puntos en común y puedan compartir. Por eso la mayoría de las parejas de años tienen estilos de vida similares.

Me acuerdo mucho de cuando yo era soltera y tenía una larga lista de lo que quería en una pareja. Mis amigas creían que estaba loca y me tachaban de exigente. Decían que ese hombre no existía y que me iba a morir sola por tener la vara tan alta. Y no fue así. Me encontré un tipazo que reunía todas las características que estaba buscando, y otras varias que no se me habían ocurrido. ¿Es el hombre perfecto y me gusta absolutamente todo de él? No, pero las importantes sí, y eso es lo que cuenta. Mi consejo es que seas lo suficientemente

flexible y relajada para que la vida te sorprenda, pero lo más específica y rigurosa posible para que no te conformes con menos de lo que mereces.

Hazlo a tu manera: no tienes que hacer lo mismo que las otras parejas

Uno de los errores más grandes es compararnos con los demás, y no solo estoy hablando de las relaciones, sino de todos los aspectos de nuestras vidas. Cuántas veces no hemos estado haciendo algo y nos sentimos muy orgullosas de nosotras mismas, hasta que volteamos y vemos a las demás personas, nos damos cuenta de lo que están haciendo y ¡pum!, nos invaden mil inseguridades, dudas y comparaciones, al punto de dejarnos hechas trizas. Empiezas a hacer ejercicio, ahí vas poco a poco progresando y sintiéndote muy feliz, abres tus redes sociales y te topas con la foto de una celebridad que ni conoces luciendo un bikini con un cuerpazo y *bye*: te vas a la fregada con pensamientos negativos. Tenemos que romper esos vicios, de verdad no nos aportan nada.

En las relaciones pasa algo similar. Cuando estás sumergida en ellas las vives de una manera y cuando te asomas a ver cómo las viven los demás todo se transforma. Si tu amiga se casa, te preguntas si tú también deberías hacerlo. Si tus compañeras de la universidad andan con chavos que se las llevan de viaje a Las Vegas, te entra la duda de si vale la pena quedarte con el novio al que no le alcanza, o no le interesan ese tipo de planes.

> *Sé honesta, ¿cuántas veces no has estado muy bien en tu relación hasta que la comparaste con la de alguien más?*

Hace poco leí esto en internet: «Tu relación no debe tener sentido para nadie, más que para ti y para tu pareja». Es una relación, no un proyecto comunitario. Aunque tantas veces se siente justo como eso, un proyecto en el que dos personas hacen toda la chamba y otras muchas opinan y quieren hacer modificaciones. Tu mamá quiere que él trabaje de otra cosa, la tía que ya pregunta por la boda, la amiga que no está segura de aprobarla... ¡Pff! Suficiente tenemos con tratar de entendernos dos personas como para tener que someter lo que estamos haciendo a la opinión pública. Por eso mi consejo es: **clávate en lo tuyo, no te preocupes por cómo lo están haciendo los demás e ignora a quienes opinan sobre tu relación.**

Mejor usen toda esa energía para conocerse a profundidad, no solo por encimita. Platiquen cosas importantes y trascendentes, compartan sus miedos, sueños, traumas, ideas, debatan, discutan. Pasen tiempo a solas, hagan el amor, duerman hasta tarde, cocinen, jueguen, descúbranse... y ya que sepan quiénes son, déjense seguir siendo esas personas. Está chafísima amar a alguien pero pretender cambiarlo.

El remix *de los bagajes emocionales*

Aun cuando hayas encontrado una buena pareja para ti, en algún punto de la relación te aseguro que las cosas se pondrán difíciles. Me gusta pensar que no es culpa de alguno de los dos, sino de lo que traen cargando de toda la vida. O sea, es culpa de nuestros papás. Todo. Siempre. ¡Ja!

No es cierto. Bueno, un poco sí, pero en realidad tampoco es su culpa, ellos también traen cargando cosas y muchas fueron heredadas de sus padres, que a su vez les pasaron otras y así sucesivamente. En lugar de tratar de encontrar culpables y hacernos las *vístimas* (sí, dije *vístimas* con *s*, porque estoy siendo dramática telenovelera), usemos esa energía para revisar qué cosas traemos en la mochila, cuáles nos sirven y cuáles podrían arruinar nuestra relación.

Alguna vez escuché a alguien decir: «Hagamos de mis *daddy issues* y de tus *mommy issues, issues* de pareja». En otras palabras, yo traigo estos temas familiares y tú estos otros, veamos qué resulta de la combinación. Aunque creamos que somos por completo distintos de nuestros padres o del contexto en el que crecimos, ¿adivina qué? No somos tan diferentes, porque de ahí es de donde aprendimos mucho de lo que sabemos.

En materia de bagajes he notado que hay dos opciones: o eres lo que aprendiste o eres lo opuesto porque, de alguna manera, te afectó y juraste no repetir patrones, así que te esfuerzas de manera sobrehumana en hacerlo diferente. En ambos casos se traduce a piedras en la mochila que llevas cargando por la vida. En ambos casos pesa, y tu pareja no merece tener que cargarla por ti.

A lo largo de nuestros 15 años de matrimonio, muchas personas nos han dicho a Bibi y a mí que somos muy suertudos por habernos encontrado. Aunque me encanta el concepto del destino y la suerte, también es muy importante reconocer qué hay detrás de cada cosa. No le dices a una maratonista que tuvo suerte de haber llegado a la meta. En realidad, sabes que entrenó, se sacrificó, sintió que se desmayaba y se le cayeron las uñas de los dedos de los pies en el proceso. Y a pesar de todo, continuó. Quizá las cosas se acomodaron para que pudiera correr esa carrera, el clima fue óptimo y se sentía lista para el reto, pero suerte no fue. Lo mismo pasa en los matrimonios, quizá te encuentras a una pareja padrísima, pero los obstáculos, retos y malos tiempos suceden y, así como cuando se entrena para una maratón, hay sacrificios, dolores, heridas expuestas y mucho trabajo de por medio. En pocas palabras: es una chinga, no es suerte.

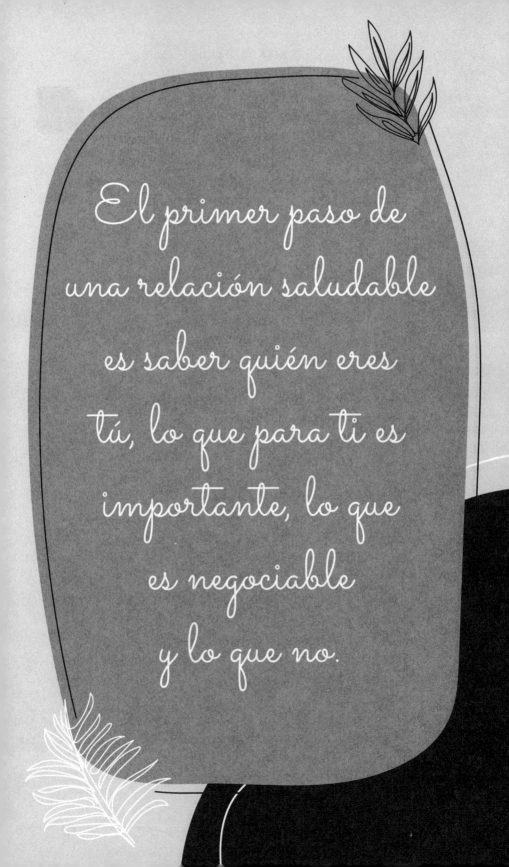

El primer paso de
una relación saludable
es saber quién eres
tú, lo que para ti es
importante, lo que
es negociable
y lo que no.

¿Cómo deshacerte de tus temitas?

- **Admite que los tienes.** Nadie en el planeta está libre de traumas, heridas, condicionamientos o actitudes aprendidas. No son los mismos, pero te aseguro que todos los tenemos.

- **Identifica cuáles son los tuyos.** Piensa en lo que más te provoca, te hace enojar o perder el control. Cuando las cosas van bien, la marea está tranquila, pero cuando llega una corriente y el agua se mueve, ¿qué es lo que te pasa?, ¿qué tipo de maremoto eres? Ahí están las pistas.

- **Escucha.** Por lo general, las otras personas identifican con mayor facilidad nuestro bagaje. Como dice Alejandro Sanz: «Hay cosas tan mías, pero es que yo no las veo». Cuando estamos dentro, es difícil ver el panorama completo, pero nuestra pareja tiene una vista VIP de lo que somos. Nos ve desde arriba, enfrente y cerquita, nos mira desde el palco. Por eso cuando reclama cosas sobre nosotros, suele tener razón, aunque nos choque admitirlo.

- **Quítale la mala onda.** No somos perfectas, nadie es monedita de oro. Cuando identifiques tus áreas de oportunidad (no me gusta la palabra *defectos*), tómalas por lo que son: información que puedes usar para tu trabajo personal. ¡Yei, qué emoción!

- **Sé buena onda.** Para nadie es fácil verse a sí mismo, y menos saber que alguien más ya te vio. Cuando llegues a ese punto de la relación, sé gentil con la manera de decir y recibir los comentarios. No es lo mismo reclamar que hacer observaciones desde el amor. Gritarse el clásico «eres igualito a tu papá» no está chido y no lograremos nada con ello.

- **Trabájalas.** Ve a terapia, hipnosis, imanes, toma flores de Bach, métete a cursos: haz lo que quieras, pero hazlo. Trabajar en ti es la única manera de hacer funcionar una relación de pareja. Te lo prometo.

El amor a través de los años

No te voy a mentir, las relaciones de pareja son uno de los retos más grandes en nuestras vidas. Las cosas no siempre salen como queremos. Hay parejas que de plano no se entienden y las estadísticas lo demuestran. En México, por cada 100 matrimonios ocurren 31.7 divorcios, según el Inegi. Las causas más comunes citadas son infidelidad, abandono del hogar, violencia intrafamiliar y problemas económicos.

Cada vez es más frecuente que las parejas jóvenes prefieran vivir en unión libre que casarse, y es que la verdad somos una generación de familias rotas y separadas, entonces es natural que muchas personas desconfíen del matrimonio y prefieran mantener las cosas menos formales. Aunque, bueno, vivir con alguien, compartir cama y usuario de Netflix no es cualquier cosa, pero quitarle el aspecto legal al acuerdo le da mucha tranquilidad a algunos.

Para mí, el matrimonio no implica necesariamente el amor. Conozco personas casadas que son infelices, y personas en unión libre y solteras que están viviendo la vida de sus sueños. Firmar un papel o tener una ceremonia no te hace más o menos pareja, así como divorciarte o separarte tampoco te hace mejor o peor persona.

> *Las relaciones son importantes porque así lo decidimos muchos, pero el no tenerlas no le quita valor a nadie ni determina absolutamente nada.*

Cuando Bibi y yo nos casamos teníamos 23 años, y te confieso que no pensé que íbamos a durar. Por supuesto, tenía la esperanza de que así fuera, pero me pareció que estadísticamente la teníamos difícil. Estábamos jóvenes, nuestras familias y nuestra educación habían sido muy distintas, no teníamos dinero, ni un plan, ni nada. Además, ninguno de los dos había tenido muy buenos ejemplos de relaciones en nuestras vidas. La mayoría de los matrimonios que conocíamos habían terminado en divorcio y no estoy del todo segura cómo fue que se nos ocurrió casarnos. Cuando lo decidimos, una parte de mí estaba dudosa sobre nuestro futuro. Pero había otra parte, la que había puesto atención a los detalles, reunido información, analizado y concluido que nada en esta persona era un *deal breaker*, y que valía la pena hacer el intento. Esto me llevó a tomar la decisión de entrarle con todo. Entonces, lo hicimos, y un 17 de junio de 2006, frente a nuestra gente, nos dimos el sí y estamos juntos desde entonces.

Hay una canción de Leonel García llamada «Sigue el Amor» que dice:

La rutina puede atacar
Puedes aburrirte de mis ganas de hablar
Mismo despertar, nada qué agregar
El mismo café para variar

Pudo aparecer alguien más
Con nuevas ideas que te hicieron dudar
Pudiste mentir, pude renunciar
Pudimos fracasar

Sin embargo, todo sigue igual
Nada en nuestro espacio que esté mal
Sigue el amor y cada día soy más fuerte cuando escucho tu voz.

Para mí, esa letra es la descripción perfecta del amor a través del tiempo. Las cosas pueden solo estar y con eso es suficiente y está bien. **La necesidad de estar siempre entretenidos y sintiendo mariposas en la panza es una de las cosas que más desgasta las relaciones.** Ponerle tanta expectativa al día a día es más una falacia que realidad. Claro que sentir emoción es divertido y debemos procurarlo, pero sentir paz es de las cosas más hermosas que hay. Al corazón le gusta sentirse tranquilo.

Al corazón
le gusta sentirse
tranquilo.

Pequeño ejercicio, grandes resultados

Imagina a tu pareja ideal

En tu cuaderno mágico especial, describe a la persona perfecta para ti.

- Incluye la mayor cantidad de detalles posible. Se vale incluir los aspectos físicos como su género, estatura, tipo de cuerpo, facciones, color de piel, pelo, ojos, y claro, sus aspectos más personales: inteligencia, ambición, bondad, etc.

- Lo importante de este ejercicio es que decidas qué tipo de persona quieres en tu vida, qué características de personalidad estás buscando: alguien chistoso, deportista, amable, entusiasta o aventurero.

- Define qué cosas son de verdad valiosas para ti. ¿Qué tendría que ser esta persona para hacerte feliz? A veces ni siquiera nosotras sabemos lo que queremos hasta que no nos echamos un clavado interior.

- Cuando hayas explorado y escrito todo esto, define tus características clave más importantes. Yo, por ejemplo, me fui por «leal, amoroso y buen padre». Escríbelas y ponlas en un lugar visible. Mirarlas constantemente te recordará lo que deseas y mereces y, al final, lo vas a manifestar. Ya verás.

Ritual transformador

un altar para el amor

Los altares son espacios sagrados que sirven para representar nuestras prácticas espirituales y reunir representaciones visuales de nuestros deseos. De acuerdo con lo que queramos conseguir, definiremos los elementos a incluir en nuestro altar y la manera en que los dispondremos.

Hay muchos elementos que relacionamos con el amor: desde el color rojo, los corazones, las rosas y los chocolates, hasta los cuarzos, velas y esencias florales. También hay diosas como Afrodita y Oshun, que representan el amor y la pasión, e imágenes de todo tipo que invocan a las relaciones tanto afectivas como sexuales.

Te invito a que te tomes un tiempo, elijas un lugar en tu casa y le hagas un altar al amor, incluyendo todo lo que sientas que debe ir ahí. Puedes usar algunos de los elementos que te mencioné o elegir nuevos. Conecta con lo más profundo de ti y expresa tus deseos más ocultos. No tengas pena a la hora de pedirle al universo lo que quieres. Te lo mereces.

9

El tiempo en familia y el tiempo que te dedicas a ti misma

Antes de entrar de lleno en este capítulo quiero decirte algo importante. *Aunque hablaré sobre la maternidad, esta parte del libro no es solo para mamás, sino para cualquiera que dedica su tiempo a otras personas.* Y eso incluye a los hijos (si es que los tienes), pero también a tu pareja, a tus padres, cuñadas, amigas, vecinas o compañeras de trabajo. *Lo que contaré, literalmente, aplica si eres humana, vives en este planeta e interactúas con otros seres de tu especie que requieren de tu atención.* Pero para quienes somos mamás, es de especial interés porque esto de los hijos, según cuenta la leyenda, es un poquito demandante. #SíTú.

Mis inicios como mamá

Son muchas las cosas que se dicen sobre la maternidad: el amor inmensurable, la conexión hermosa que surge, la delicia del olor a bebé y la transformación profunda de vida. También se habla sobre desvelos, reflujo, rozaduras de pañal y confusión en general. Pero yo siento que **hay un tema que no se ha tratado lo suficiente: la pérdida de identidad.**

El proceso de volverte mamá es intensísimo. De hecho, me atrevo a decir que no hay nada en la vida que te cambie tanto como tener hijos. Un día eres una mujer independiente que va y viene de su casa, decide qué quiere comer y sabe quién es. Nueve meses después, **te conviertes en un ser que carece de libertad, tiempo y claridad mental.**

Para mí todo empezó cuando me embaracé la primera vez. Tenía 23 años, pasé de tener una vida social superactiva a estar en mi casa leyendo sobre partos y recién nacidos. No sentí que hubiera alguien a mi alrededor para compartir esa experiencia. Ninguna de mis amigas había tenido hijos y mi esposo estaba de gira por el mundo. La verdad me sentía supersola y aislada. Fueron demasiados cambios al mismo tiempo: dejar de salir, cambiar de hábitos, volverme ama de casa y prepararme para ser responsable por la vida de otra persona. Un día era Kalinda, la conductora de televisión que viajaba por el mundo haciendo entrevistas, y al siguiente era quién sabe quién, encerrada en un depa, sola, viendo series y comiendo *banana splits*.

Después nació nuestra hija Jazz y el corazón se me desbordó del amor. Y claro, como en toda maternidad hubo momentos de WTF, lactancias frustradas, llanto descontrolado (de las dos) y mucha confusión. Pasó de todo, pero lo que sobresalió fue la belleza de haber hecho a otro ser humano, una niña sana y perfecta.

Me adapté a ser mamá con todos los cambios que eso representó, tanto laborales como existenciales. Hasta ese momento yo había sido conductora de televisión y mi labor principal era viajar para entrevistar a bandas; sobra decir que viajar con una bebé y nadie que la cuidara no era opción, por lo cual tuve que cambiar mi giro de conducción a programas que fueran mucho más estables. Ese cambio laboral a su vez me trajo uno personal, porque hasta ese momento yo había sido una mujer muy independiente y un tanto nómada; volverme rutinaria me hizo sentir como que había colgado mis alas en el perchero.

Como verás, para mí la maternidad no fue sin algunos baches. Es impresionante cuánto te cambia la vida cuando llevas años sin dormir y sin comer en forma. Pero, como todas las mamás del mundo, aprendí a soltar un poco el control y a llevármela un día a la vez. Y justo cuando creí que le había agarrado la onda, me volví a embarazar: vámonos de nuevo a la montaña rusa.

Las náuseas, los kilos, los granos, el miedo, la incertidumbre. Haz de cuenta que nunca lo había hecho antes. Es cierto lo que dicen, cada embarazo es único e irrepetible, así como cada hijo. Puedes tener diez embarazos y diez hijos y cada uno va a ser una experiencia distinta.

Una vez un amigo me dijo: «¿Sabes qué es una familia? Es un grupo de personas en las que manda el más pequeño». Cuando lo escuché me reí por compromiso, pero por dentro quería llorar. Mi hijo menor tenía dos años y la mayor seis. O sea, yo llevaba siete años sin dormir una noche de corrido (los nueve meses de embarazo no se duermen muy rico que digamos), toda mi ropa estaba manchada de leche o vómito, cargaba una pañalera del tamaño de una bolsa de mercado, traía la espalda baja destrozada, lloraba ante la menor provocación y, literal, no sabía quién era ni qué me había pasado. No quedaba ni rastro de la mujer que alguna vez había sido. Me volví mamá, me volví familia, y en mi vida mandaba el más chiquito.

Cuando estás en medio del caos de la crianza ¿tú dónde quedas? ¿Quién eres cuando no están tus hijos ahí junto a ti diciendo «mamá, mira esto; mamá, mira lo otro»? ¿Qué películas te gustaría ver en lugar de estar viendo las de princesas de Disney? ¿Qué canción te gustaría escuchar en lugar de poner «Baby Shark» en *repeat* todo el santo día? ¿Qué pedirías en un restaurante si no tuvieras que compartir o comerte las sobras del espagueti con salsa de tomate que ama tu hija?

Ser mamá es un trabajo de tiempo completo, una vocación y un superproyecto de vida. Y como cualquier proyecto de esa magnitud, dedicar tanto tiempo y energía a ello te roba un poco de identidad y, muchas veces, te deja drenada y falta de ti misma.

Ser mujer
no se define por ser
mamá. Una cosa
es una cosa y otra
cosa es otra cosa.

Todavía me acuerdo de ese sentido de pérdida como si fuera ayer. Al final me di cuenta de que tenía que «recuperar» a la mujer que había sido. Empecé por probar las cosas que me habían hecho feliz. Lo primero que hice fue salir de antro, me arreglé, me maquillé y me puse tacones. Bailé, tomé y hasta terminé en el karaoke. Al día siguiente, los niños me despertaron a las seis de la mañana con toda la pila del mundo. Me di cuenta de que *a)* el desvelo no había valido la pena; *b)* guácala estar cruda y cuidando niños; *c)* el antro no me dio lo que estaba buscando; *d)* ya no era la misma, había cambiado. Entonces decidí que más que retomar mis actividades, tenía que encontrar nuevos espacios de gozo. **La recuperación se volvió algo aún más bonito: una reinvención.**

El libro *El camino del artista*, de Julia Cameron, fue mi mejor acompañamiento durante esos tiempos. No solo me ayudó a explorar mi parte creativa, sino a buscar espacios para mí y descubrir nuevas pasiones, como la escritura y caminar en la naturaleza. **La mujer que soy hoy no es la misma que la que fui hace 15 años.** Pretender que lo que entonces me llenaba es lo mismo que ahora, sería injusto para mi alma.

Entonces, ¿cómo le hago para descubrir quién soy ahora, Kali? Primero, ten paciencia. Después de una transformación de vida tan grande como la maternidad, **lleva un tiempo que las cosas se acomoden.** Respira y encuentra placer en las pequeñas cosas: un café en silencio por las mañanas, un baño sin acompañantes, un trayecto al súper escuchando tus canciones favoritas. Después, ve explorando tus deseos: una clase a la semana de algo que te interese, una salida con las amigas, un día en el que alguien más se encargue de los niños y tú puedas quedarte en la cama hasta tarde. **Cuando te das tus espacios, poco a poco te empiezas a recuperar. Te lo aseguro.**

Además, es cierto lo que dicen: con los niños los días son lentos y los años pasan rápido. En un abrir y cerrar de ojos ya estás teniendo conversaciones complejas con las personitas a las que alguna vez

191

les cambiaste el pañal. Ellos crecen y cambian todos los días, se van formando, toman un poquito de acá y otro poco de allá. Hacen un *remix* para definir su propia melodía. Es un proceso hermoso de observar. Un regalo.

Ahora bien, te cuento todo esto desde mi experiencia y mi trinchera. No me gusta generalizar, y menos en temas como estos que todas vivimos de manera tan distinta. Tengo amigas que vivieron embarazos espectaculares y radiantes, en los que se sentían diosas del Olimpo, gozaron cada minuto de gestación e incluso de su parto. Y otras a las que la maternidad se les ha hecho de lo más fluido y natural. Si tú eres de esas, te mando un abrazo apretadito y te felicito por tu suerte.

Por el otro lado, tengo amigas que dicen «nop, eso de ser mamá no es para mí», y las respeto infinitamente. La idea de que solo por ser mujeres nos toca ser mamás me parece muy anticuada. La vida no es en automático, y no porque «así ha sido siempre» quiere decir que ni modo, así te toca. Ser mujer no se define por ser mamá. Una cosa es una cosa y otra cosa es otra cosa. Entonces, querida lectora, si tú no eres o no quieres ser mamá nunca, quiero que sepas que tienes mi apoyo y podemos seguir siendo *amiguis libreriles*.

Un temor constante: convertirte en una esclava de los demás y olvidarte de ti misma

La maternidad no es la única modalidad en la que se atiende a los demás. Hay estructuras familiares en las que una de las hijas o hijos cuida de sus padres, ya sea por cuestiones de salud, vejez o costumbres. Hay suegras que viven acompañando matrimonios, primos que por alguna razón terminan en tu casa, *roomies* dependientes, amigas que necesitan que estés con ellas e incluso jefes que piden de ti más de lo que esperas.

Siempre habrá personas que requieren tu atención, energía y tiempo. De ti depende qué tanto estás dispuesta a darles. Muchas veces tenemos la idea de que entre más atendamos a los demás somos mejores personas, porque no hacerlo es de egoístas. Sin embargo, hoy te voy a decir lo contrario (seguro ya lo adivinaste pues lo repetí ya mil veces, pero ahí va de nuevo, es así de importante): **cuidar de ti y de tus necesidades debe tener la misma prioridad o hasta más que cuidar de los demás.** ¿Te acuerdas del oxígeno en el avión? Si ayudas a los demás antes que a ti, la despresurización se puede llevar a todos entre las patas. Repite conmigo: **yo valgo, mis necesidades son importantes y dedicar tiempo a mí misma no me hace egoísta ni mala persona.**

Recupérate a ti misma:

- **Bloquea y agenda formalmente un tiempo determinado a la semana que sea solo para ti.** Sin hijos, pareja, papás, amigas o conocidas. Es tu hora para hacer lo que se te antoje: ver esa película que tanto has querido ver, escuchar la música que a ti te gusta, hacerte un manicure, ponerte una mascarilla, dormir una siesta, tomar una clase.

- **No estés siempre disponible para los demás.** Que sepan que a veces puedes atenderlos y otras van a tener que esperar. Es importante tanto para ti como para los involucrados: a veces no cuentan contigo. Avisa a la familia que vas a meditar y que no pueden interrumpirte por veinte minutos. Al principio parecerá un reto y de

seguro van a surgir mil cosas que «les urge» platicarte. Ignóralos. En algún momento van a entender que va en serio.

- **Redescubre tus pasiones.** Por lo general, cuando dedicamos mucho tiempo a otra gente, nos drenamos de energía y no nos quedan ganas de hacer nada. Pero a quien más afecta esa apatía es a nosotras. Acuérdate de algo que te encantaba y hazlo, aunque la logística te cueste un poco de trabajo: andar en bici, tomar clases de piano, hacer *collages*.

- **Busca ayuda.** Recuerda que no eres Superwoman y no tienes que cargar con el mundo entero tú sola. Pide a tu familia que, a veces, te cuiden a los niños, a tus hermanos que ayuden con los papás, contrata una niñera unas horas a la semana, dile a tu amiga que te releve con la otra amiga que se está divorciando y necesita apoyo moral. Pedir ayuda no te hace débil, te hace inteligente y respetuosa contigo misma.

El dilema de la mujer trabajadora

Yo crecí con una mamá que trabajaba todo el tiempo, y no por gusto, sino por necesidad. Mamá Melinda (así le digo a mi madre) era mamá soltera. Para ella no había otra opción más que fregarle para salir adelante y darme las mejores oportunidades posibles. Durante mi niñez, y por más de diez años, tuvo un restaurante. Tanto ella como yo pasábamos la mayor parte del día ahí metidas. Ella cocinando, haciendo licuados, atendiendo mesas y cobrando. Mientras tanto, yo hacía la tarea, era mesera y platicaba con los comensales. Podría decirte que sufrí por no tener una vida más casera y una mamá que siempre estuviera atendiendo mis necesidades, pero te estaría mintiendo. A las dos nos encantaba estar en el cotorreo, y al menos yo no conocía otra vida.

Mamá Melinda lo hacía tan bien que parecía fácil ser mamá y trabajar de tiempo completo. Esto hizo que yo imaginara mi maternidad de esa forma. Iba a trabajar hasta un día antes de parir, dar a luz, descansar unos días y regresar a mi trabajo como si nada. (Inserta el #SíTú más grande de la historia). Nunca me imaginé ser ama de casa, ni tampoco consideré la opción de dejar mi trabajo al convertirme en madre. Te confieso que, en secreto, juzgaba un poco a las mujeres que lo hacían. Consideraba que era una costumbre anticuada, y quizá estaban siendo un poco «flojas» por ya no volver a trabajar.

Obviamente, la vida me dio una cachetada gigante en cuanto estuve en esa situación. Para empezar, me di cuenta de que **llevar una casa, criar hijos y tener una carrera simultáneamente es un acto de valientes y para nada es tan fácil como algunas lo hacen ver.** Cada uno de esos pilares (casa, niños, trabajo) es un reto por sí solo, mezclarlos es un nivel avanzado de Tetris. Hay momentos en que las piezas parecen imposibles de acomodar y no cualquiera lo logra ni quiere hacerlo.

Cada una de estas áreas es igual de demandante. Tu familia necesita atención y presencia día tras día, no está al pendiente de lo que pasa en tu trabajo y viceversa. Habrá ocasiones en las que la logística fluya, pero en otras, la fiebre de tu hijo coincidirá con tu entrega de proyecto, o la junta semanal a la que no puedes faltar será el mismo día del festival de fin de cursos de la escuela. En más de una ocasión, tu jefe te pedirá que te quedes tarde cuando tienes que irte corriendo para hacer de cenar.

Algunos estudios hablan sobre la ventaja que tienen los hijos de quienes se quedan en casa y se dedican exclusivamente a ellos, argumentando que crecen siendo más felices porque tienen toda la atención de su mamá. Pero también hay estudios que indican lo contrario, como el que se llevó a cabo en la Universidad de Harvard en 2015, liderado por Kathleen McGinn, que se enfoca en las hijas de madres trabajadoras. Es 1.21 veces más probable que una mujer que fue criada por una mamá trabajadora consiga trabajo y 1.29 veces más factible que supervise a otros (que tenga un puesto alto).

Tener a una mamá que trabaja brinda un ejemplo positivo y hace a los niños más independientes. La verdad es que quedarte en casa a ser mamá *full time* o ser madre trabajadora me parece una decisión tan personal que no me atrevería a decir que una es mejor o más válida que la otra. Todas somos distintas y estamos haciendo lo que podemos con lo que tenemos.

> *Por fortuna, hay muchos formatos de maternidad y trabajo.*

No todo tiene que ser blanco o negro, todo o nada. Conozco a muchas mujeres que trabajan medio tiempo, mientras sus hijos están en la escuela, o que lo hacen desde casa. Varias de mis amigas que antes trabajaban en una oficina se han vuelto *freelance* para así hacer solo los proyectos que se acomodan a sus tiempos. Las ventas por catálogo, el *home office* y los trabajos en línea también son buena opción. En mi caso, renunciar a la televisión y desarrollar mi trabajo en redes sociales ha sido la solución perfecta para poder seguir trabajando en lo que me gusta, y al mismo tiempo ser mamá de tiempo completo. Sé que no es fácil de lograr, pero tampoco es imposible.

Las satisfacciones que nos proporcionan las actividades fuera de casa

Admitir que somos felices cuando salimos solas al mundo es difícil para nosotras las mamás y cuidadoras. Hay una culpa implícita metida en lo más profundo de nuestro ser: una voz interna nos dice que algo estamos haciendo mal, que afuera no es nuestro lugar. Quizás en otras partes del mundo sea distinto, pero en América Latina, «olvidarte» de ser mamá por un rato está mal visto. Muchas veces, esto es incluso fuertemente criticado por otras mamás quienes, según yo, quisieran hacer lo mismo. Porque, sinceramente, a todas nos encanta la idea de poder ir al baño sin interrupciones o tener conversaciones con otros adultos.

Independientemente de que salgas por trabajo o por gusto, es importante que sepas que estar a cargo de otras personas no está peleado con tener una vida más allá de las paredes de tu casa.

Ventajas de tener vida más allá de tu casa

- **El sentimiento de encierro tiene efectos negativos en la salud mental.** Este punto lo comprobamos de manera muy reciente (hola, Covid-19, estoy hablando de ti). Creo que no tengo que convencer a nadie de que estar en casa día y noche, atendiendo a los demás y haciendo labores del hogar, es muy duro para tu estado de ánimo.

- **Es un buen ejemplo para tus hijos.** Los niños necesitan aprender que las mamás no solo existimos para atender sus necesidades y que tenemos una vida

independiente de ellos. No somos las esclavas de la familia, somos mujeres, novias, amigas, compañeras de trabajo, alumnas.

- **Enseñas independencia.** Cuando no estás ahí para resolver todo, alguien más tiene que hacerlo y, contrario a lo que muchas personas piensan, esa no es una tragedia, sino una ventaja formativa. «¿Tienes hambre? Hazte unas quesadillas», «¿tu uniforme de la escuela está sucio? Lávalo». Te aseguro que no pasará nada si tus dependientes aprendan a hacer ciertas cosas. Los estás preparando para la vida.

- **Tienes menos probabilidades de deprimirte.** Cuando tienes una vida laboral y social activa, y haces cosas que disfrutas, eres más feliz. Y una mamá feliz es lo mejor para una familia. Dejemos en el pasado la idea de la mamá miserable y abnegada.

- **Tu economía mejora.** Si trabajas, incluso si pagas por alguien que te ayude con tus niños o con los adultos mayores, cuando te administras correctamente, puedes tener más dinero que quedándote en casa.

- **Puedes «descansar».** Okey, quizá no es el descanso que tienes en mente, pero seamos honestas, atender a personas y, sobre todo, a personitas es lo más agotador que existe en el mundo. A veces ir a una oficina o sentarte a platicar con una amiga es lo mejor que puedes hacer para salirte del *mood* mamá y cambiar de chip mental.

Te cuento todas estas cosas con el afán de que veas que está bien ser mamá y seguir siendo una persona.

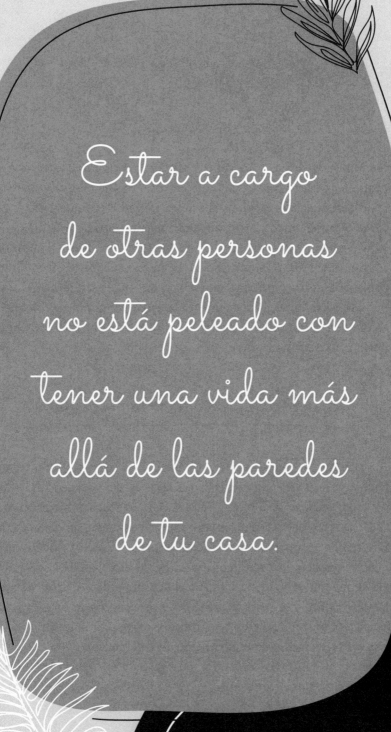

Estar a cargo
de otras personas
no está peleado con
tener una vida más
allá de las paredes
de tu casa.

> *No tienes que sacrificarlo todo*
> *y olvidarte de quien eres para*
> *hacer bien tu labor familiar.*

Por supuesto, no es mi intención hacer menos a nadie y antes que cualquier otra cosa respeto todas las maneras de pensar, sobre todo los diferentes acercamientos que se tienen a la maternidad. Hay quienes trabajamos y aspiramos a tener un poco de independencia y quienes aman ser mamás de tiempo completo. **Todos los formatos de maternidad son válidos mientras seas feliz.** Si en lo más profundo de tu corazón tienes paz, entonces sigue haciendo lo que estás haciendo. Pero si hay una parte de ti que desearía que las cosas fueran diferentes, cámbialas, nunca es demasiado tarde para probar otro formato.

El tiempo, nuestro recurso más valioso

A través de mis redes sociales, con frecuencia me preguntan cómo le hago para hacer todo lo que hago, y la respuesta es muy sencilla: **pongo mis necesidades a la par de las del resto de los integrantes de la familia.** En esta casa somos cuatro individuos y las actividades de cada uno tienen la misma importancia. El torneo de taekwondo es igual que mi examen de yoga, la pijamada de mi hija tiene la misma prioridad que nuestra cita para salir a cenar en pareja. A veces toca que los hijos convivan con sus amigos y nosotros los acompañamos, y otras nos toca a nosotros y ellos nos acompañan. Los niños saben que sus actividades son importantes, pero del mismo modo saben que las nuestras también lo son. Y a veces se hace lo suyo y otras se hace lo nuestro. **Hay negociaciones, sacrificios, compromisos. Estamos en esto juntos, como equipo.**

También te voy a confesar que lo mío es la organización. Tengo una mente muy *multitask* y puedo acordarme de muchas cosas al mismo tiempo. En un mismo día sucede de todo en mi agenda mental: me acuerdo de que a uno de los niños le pidieron una cartulina, sé que la otra sale tarde por sus ensayos y que tiene que llevar un uniforme diferente, que quiero cocinar salmón, pero me falta comprar las verduras de la guarnición, que el parquímetro se me vence en quince minutos, que tengo que contestar siete correos de trabajo. Se me ocurre el *caption* de mi foto para Instagram en el semáforo, y planeo una clase de yoga en mis «ratos mentales libres». Y pues sí, quizá por eso acabo el día muerta.

Otra manera de hacerlo es creando un calendario familiar y personal en el que incluyas las actividades de todos, con día y horario. Así te aseguras de no empalmar cosas y de que lo que tú quieres hacer también se haga. Es muy común que las mamás tengamos un plan y luego lo cancelemos por alguna actividad infantil. Por ejemplo, quedas con tu amiga de ir por un vinito el viernes en la noche, no se han visto en mucho tiempo y estás urgida de pasar tiempo con ella. De repente, tu hija adolescente te informa (llega una edad en la que no preguntan, avisan) que ella quedó con sus amigas de ir al cine y tú las tienes que llevar. No canceles de inmediato lo tuyo, ¿quién hizo el plan primero?, ¿de qué lado ha estado la balanza últimamente? **Dejar a un lado tus planes por los de tus hijos comunica un mensaje equivocado a ambas partes: que ellos están por encima de ti.**

Ser madre o cuidadora es un trabajo hermoso y lleno de amor. No muy agradecido en ocasiones, pero ese es otro tema. Por eso, aunque sea retador, lo seguimos haciendo. Supongo que visto desde afuera podría parecer que somos masoquistas y nos gusta quejarnos, pero la realidad es que con todo y sus malos momentos, sigue siendo de los más grandes aprendizajes y etapas de expansión de la vida.

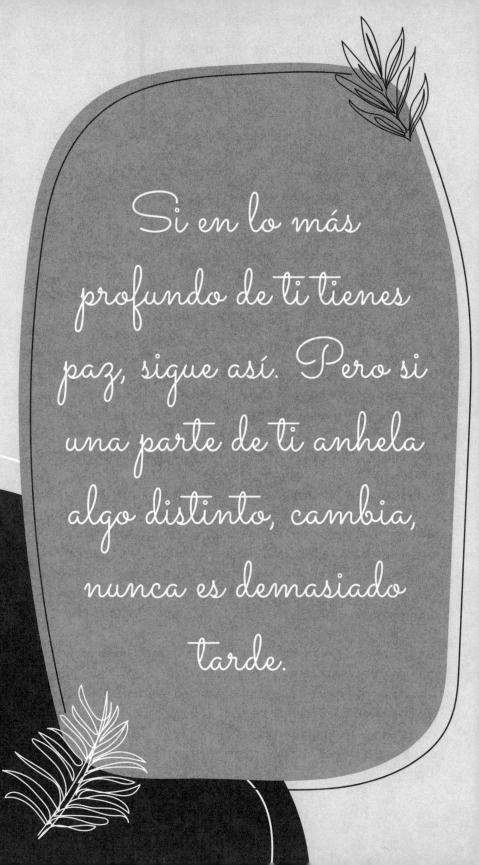

Si en lo más profundo de ti tienes paz, sigue así. Pero si una parte de ti anhela algo distinto, cambia, nunca es demasiado tarde.

Pequeño ejercicio, grandes resultados

Establece un horario para todos

Es hora de hacer un calendario de actividades. En capítulos anteriores hicimos una limpieza de todo y se supone que solo nos quedamos con lo más importante y valioso. A estas alturas ya sabes cuáles son las cosas que te gustaría hacer, y puede tratarse de lo que sea: desde ir al salón de belleza por un manicure cada quince días, hasta tomar clases de esgrima dos veces por semana. Es el momento de materializar el manejo de tu tiempo.

Esta es una actividad familiar.

1. Preparen la hoja de calendario, anoten los días de la semana y horas en el día.

2. Cada miembro de la familia debe elegir un color o plumón para representar sus actividades.

3. Anoten qué actividades tiene cada uno. Por ejemplo: Emil: música de 4:00 p. m. – 5:00 p. m.; Jazz: baile de 4:00 p. m. – 7:00 p. m.; Kalinda: bordado de 7:00 p. m. – 8:00 p. m.; Bibi: concierto en Argentina.

4. Cuando terminen de llenar el calendario, obsérvenlo. ¿Caben todas las actividades de todos? ¿Es realista el día? ¿Funciona la logística? Si hay demasiadas cosas o se empalman, platiquen y lleguen a acuerdos que sean justos para todos.

5. Ya que tengan una versión definitiva de actividades, pásenla en limpio para que la información sea clara.

6. Peguen su calendario en un lugar visible, como el refri. Es más fácil mantener la organización cuando todos los miembros del club pueden ver y entender las actividades de todos y no solo las propias.

7. Acuérdense de que son un equipo y que todos tienen valor e importancia.

Ritual transformador

la cajita de los deseos

1. Corta una hoja en tiras.

2. Anota un deseo personal (no material) en cada tira, algo que te gustaría lograr o hacer. Puede ser algo sencillo como ver un capítulo de una serie o algo más complejo como cambiarte de trabajo.

3. Dobla o enrolla tus tiras y ponlas dentro de una cajita.

4. Saca un papelito a la semana y haz lo que dice cuanto antes. Incluso cuando salgan las cosas grandes, acuérdate de que son tus deseos y de ti depende que se hagan realidad.

5. Cada vez que completes uno, pon el papelito a la vista. Ver tus logros (pequeños y grandes) te va a inspirar a seguir adelante.

6. Agrega más deseos cuando quieras.

10

El equilibrio
es posible

En un mundo que tiende a los extremos, quiero decirte algo radical: el equilibrio se puede lograr. No tienes que irte al límite si no lo quieres hacer; ser drástica tampoco asegura nada. Las cosas no son blanco o negro, en medio hay mil colores con los que puedes jugar y experimentar.

Y parte de lograr el equilibrio es un concepto de suma importancia: priorizar. Lo voy a repetir las veces que sea necesario hasta que se nos quede tatuado en el inconsciente: no se puede hacer todo al mismo tiempo, tenemos que elegir en qué utilizar nuestro tiempo y energía y eso cambia de forma constante. Habrá ocasiones en las que podamos hacer yoga todos los días y otras en las que tengamos una entrega muy importante de la escuela o el trabajo y eso va a acaparar nuestro tiempo. Cuando eres mamá de un bebé recién nacido, quizá no logres ver todas las series de las que hablan tus amigas, o cuando estás escribiendo un libro, lo más probable es que descuides tu entrenamiento de danza aérea (cof, cof). No solo se vale sino que es recomendado ser flexible ante las cosas que se te van presentando en la vida. Hay tiempo para todo, pero como ya quedamos, a veces ese tiempo es al rato, o el siguiente mes o incluso en unos años.

El equilibrio se logra siendo conscientes de lo que estamos haciendo y tomando decisiones que se alinean con nuestro propósito. No hace falta ser perfecta ni dejar de cometer «errores», lo importante es ver todas nuestras partes y tratar de darles la misma importancia. Literal, lograr un equilibrio y no dejar que nuestra balanza se incline hacia un lado o el otro. Ni muy muy, ni tan tan.

Si eres como yo y a veces por atrabancada pierdes tu centro, te recomiendo las siguientes acciones:

- **Date cuenta.** Tómate el tiempo de observar, ver tu vida, el estado de tu mente y tus emociones. Sé sincera contigo misma. ¿Hay algunas cosas a las que le estás dando más importancia mientras que estás ignorando otras?

- **Examina.** ¿Dónde está tu enfoque, en lo externo (trabajo, dinero, vida social, compromisos) o en lo interno (salud mental, prácticas espirituales, trabajo personal)?

- **Decide.** De las actividades que haces ¿hay alguna a la que quisieras dedicarle más o menos tiempo?

- **Establece un *deadline*.** ¿Cuándo vas a empezar y con qué acciones?

- **Date chance.** El que hayas decidido cambiar algunos aspectos de tu vida no significa que lo tengas que hacer de inmediato ni todo al mismo tiempo.

La verdadera razón por la cual vivimos

En este punto de mi vida he concluido que no hay reglas para vivir. Hay moldes sociales y reglas de convivencia, pero algo así como instrucciones precisas sobre lo que tenemos que seguir, no. Y si por alguna razón estás viviendo una vida en la cual hay demasiadas estructuras y moldes dentro de los que crees que debes encajar,

te aconsejo que te rebeles de una vez por todas. Estudiar una carrera solo porque te dicen que debes hacerlo, casarte, tener hijos, comprarte una casa e ir a pilates... claro que es una opción, pero no es la única. Hay quien es feliz haciendo todo lo que mencioné antes y hay quien es miserable haciendo exactamente lo mismo. Somos seres tan diferentes que pretender que lo que funciona para uno funciona para el otro es una falacia.

Sin embargo, no permitas que la vida te suceda sin que la decidas activamente, es más común de lo que crees. Así es cómo de repente un día nos damos cuenta de que estamos viviendo en automático y sintiendo que algo falta: inspiración, creatividad, valentía. Como que no estamos vivas sino solo sobreviviendo. Buscando cosas y personas afuera para llenar nuestros vacíos internos y distraernos de lo que en verdad nos está sucediendo adentro: **una transformación constante.**

En fechas recientes salió una película de Disney llamada *Soul* que aborda uno de mis temas favoritos: el alma. La peli nos muestra la vida de un músico de jazz que vive de una manera convencional y un tanto aburrida hasta que le sucede algo (no te preocupes, no te la voy a contar) que lo invita a reflexionar sobre lo que le apasiona en la vida. **Cuando quedar bien y hacer lo que «nos toca» o es lo «correcto» se vuelven nuestra prioridad, corremos el riesgo de perdernos a nosotras mismas en el camino.** Y aunque la película es ligera y para niños, aborda un tema que vale la pena tener presente: la importancia de tener un *thing,* una chispa, algo que te mueva y te apasione.

Sé que lo que estoy diciendo no es cosa fácil y que para muchas personas el concepto es motivo de estrés, pero justo quiero decirte lo contrario. **La búsqueda por lo que te apasiona se puede convertir en el juego más entretenido de tu vida.** Todo depende de la presión y exigencia que le pongas. Acuérdate de que la vida es lo que hacemos de ella y en este punto del camino (y del libro) nuestra aproximación puede ser ligera y amorosa.

¿Qué quieres hacer o sentir en este momento de tu vida? Tómate unos minutos para analizarlo, quizá la respuesta te sorprenda.

Yo soy una exploradora constante. Hace muchos años, me hice una promesa a mí misma que consistía en hacer todo lo que está en mi poder para no volver a perderme. Hasta el día de hoy, he mantenido mi promesa. Te confieso que, en ocasiones, ese compromiso me lleva a lugares extraños (tanto físicos como mentales), como cuando me metí a clases para aprender a poner uñas de acrílico, o la vez que me clavé haciendo un tipo de terapia emocional que se practicaba dentro de un ring de boxeo. Sacabas tus traumas mientras te agarrabas a trancazos. En fin, he probado de todo y la verdad ha sido bien divertido.

¿Recuerdas lo que platicamos en el capítulo 4 sobre identificar tus deseos e intenciones más profundos? Mi método parte de ahí, pero lo que sigue es ponerlo en acción. Es un poco raro, pero me ha servido. Con mucho cariño te lo comparto a continuación:

- **Profundiza.** Ya habíamos hablado sobre la importancia de recordar lo que querías ser de niña y retomar o probar algunas de esas actividades, también sobre lo fundamental que es definir lo que no te gusta para así obtener pistas acerca de lo que sí quieres. Vamos ahora a profundizar sobre ello, a llevarlo al siguiente nivel. Las fantasías tienen muchas capas. Por un lado, está la manifestación externa (el deseo de ser veterinaria, acróbata o cineasta); de forma paralela, se encuentra el deseo profundo e interno sobre lo que queremos sentir: libertad, creatividad o valentía. ¿Qué quieres hacer o sentir en este momento de tu vida? Tómate unos minutos para analizarlo, quizá la respuesta te sorprenda.

- **Prueba.** Investiga, toma clases, acude a talleres, busca tutoriales. Haz lo que tengas que hacer, pero hazlo. No hay mejor manera de saber si algo es para ti que

haciéndolo. Y créeme, si concluiste que algo no es lo tuyo solo porque lo viste de lejitos o en redes sociales, no cuenta. Necesitas hacerlo en vivo y a todo color.

- **No te rindas.** Si algo que pruebas no te gusta, intenta otra cosa. Y si eso no resulta o no se te da, múdate a lo que sigue. El universo de las actividades es vasto, explóralo a profundidad.

Este rollo de la chispa de nuestra vida es fascinante y, al mismo tiempo, por completo intimidante. La sola idea de salir a explorar y no encontrar nada es aterradora, pero ¿sabes qué es más aterrador? Quedarte con las ganas o con la duda. Entonces, ponte las pilas a la de ¡ya! Explora y decídete a encontrar tu camino.

Disclaimer: no te estoy diciendo que renuncies a tu vida, tu trabajo, tu matrimonio o a tu familia para ir en busca de tus sueños. De hecho, en el caso de la mayoría de nosotros, **no hay una chispa gigantesca que nos encienda el alma y que nos guíe a través de nuestra existencia. Más bien hay múltiples chispas de distintos tamaños que se encienden según nuestras circunstancias, y juntas crean una chispa grandota.** Por ejemplo, una de tus chispas puede ser escribir y eso no significa que vayas a ser la siguiente J. K. Rowling. Quizás escribas un libro desde el sofá de tu casa mientras los niños juegan en su tablet (*wink*), y eso es más que aceptable.

Tu mejor versión

La gente notable es lo máximo. Son esas personas que entran a un lugar y todos voltean a verlas. Quizá sea su seguridad, su porte, su talento o el espacio que ocupan energéticamente. Son esas personas que en cuanto las ves sabes que saben su rollo; de alguna manera todas aspiramos a ser así pero no estamos seguras de tener lo que hace falta para lograrlo. ¿Pero qué hace notables a las personas? Se me ocurren varias opciones: *a)* nacieron con «ángel»; *b)* tuvieron la suerte de tener una chispota, encontrarla y desarrollarla, y *c)* le chingaron y se convirtieron en alguien.

Algunos son artistas, músicos, poetas o bailarines, otros son meseros, maestras de yoga, catadores de mezcal o cocineros. Y también son abogados, doctores, antropólogos y justicieros sociales. Hay gente notable en todas partes trabajando y haciendo todo tipo de cosas. Lo que los hace especiales no radica en su oficio, sino en el hecho de que han descubierto cuál es su *thing* y viven la vida desde ese otro lugar de confianza y seguridad, sabiendo que están haciendo lo que les toca hacer.

Yo descubrí algo (no lo único) que amo hacer desde hace muchos años, pero nunca lo había considerado importante hasta hace poco: me encanta comunicar. No sé si siempre tuve ese don o lo desarrollé con los años, pero no hay nada que me haga más feliz que compartir información que considero valiosa. Me gusta escribir, grabar videos, hacer transmisiones en vivo en redes sociales, participar en podcasts, hacer entrevistas, tener conversaciones. Lo mío, lo mío es hablar y escuchar. Y cuando lo hago me siento clara, tranquila, segura y feliz.

He notado que lo que les apasiona a las personas es tan distinto y variado como quienes son, y eso es algo que encuentro hermoso e inspirador. También me recuerda el valor de no compararnos ni pasar demasiado tiempo enfocados en lo que hacen los otros. El ver a los demás puede servirnos de inspiración, pero nunca para medirnos.

Recuerda: cuando estás en la búsqueda de lo que te hace feliz, en el proceso de desarrollar tus habilidades, y en general, cuando sea, es de suma importancia que te rodees de las personas correctas. Asegúrate de tener a tu lado a quienes estén en la misma sintonía que tú, que te inspiren, te apoyen y te hagan sentir segura. Yo estoy aquí, echándote porras desde mi trinchera.

Cómo pasar de ser una superwoman *a una* happy woman

Cambiar de vida no es cosa fácil. Puedes leer todos los libros, ver todas las series y guardar todos los *posts* de Pinterest de frases motivacionales, pero, si no te pones las pilas, no va a pasar nada. Esa es la realidad. Ni pidiéndole al universo con todas tus fuerzas, ni poniendo todos los cuarzos ni haciendo todos los rituales de luna llena del mundo se te va a acomodar la vida mágicamente.

Aunque tengas claro lo que quieres lograr, traces un plan y hagas compromisos contigo misma, vas a requerir acciones concretas, fuerza de voluntad y quizás hasta un poco de terapia para salir de tu zona de confort y aventurarte a explorar nuevos territorios. ¡Ponte en acción! Te prometo que vale la pena cada minuto del viaje.

Estas son algunas cosas que no debes olvidar en el camino:

- **Es mejor hacerlo por cuenta propia que por obligación.** Así como se escucha, mejor decide tú qué cambios te gustaría hacer y no esperes a entrar en crisis para hacerlos. Te juro que es mucho más difícil encender una vela apagada que reavivar una llama débil.

- **Tú puedes.** Lo sé porque has podido con todo lo que se te ha presentado, incluso cuando creías que no ibas a lograrlo. Aunque no nos conocemos en persona tengo la certeza de que eres fuerte y capaz porque, de otro modo, no estarías aquí, leyendo este libro que escribí especialmente para ti y que por una razón mágica llegó a tus manos.

- **Te lo mereces.** No importa cuántas veces te has desviado ni salido del camino, ni siquiera cuántas veces quisiste dejar de caminar. Lo importante es que estás aquí y solo por ese hecho mereces estar bien y vivir la vida que quieres.

- **Nunca es tarde.** Para cambiar de rumbo, para conocerte, para descubrir tus pasiones o para ser una mejor persona. Los tiempos del universo son perfectos, confía en ellos.

Me gusta pensar que todo lo que pasa en nuestra vida pasa por algo, incluso las cosas que no nos gustó haber vivido o que nos marcaron de manera negativa. Hoy honro cada uno de los capítulos del libro de mi vida porque acepto cada acción como parte de mi proceso, incluso las que no termino de entender. Después de este largo recorrido que empezó con un ataque de pánico en un coche, he pasado por tantas etapas y cobrado tantas formas, que me han llevado a todas estas exploraciones. Hoy agradezco de todo corazón ese momento de miedo que ahora considero como el principio de mi camino espiritual.

Espero que mi proceso, aprendizajes y palabras hayan servido para inspirarte y acompañarte en el tuyo. Y te deseo de todo corazón que salgas adelante transformada, empoderada y más fuerte que nunca.

No permitas
que la vida te suceda
sin que la decidas
activamente.

Pequeño ejercicio, grandes resultados

Intenta de todo un poco

Con base en la exploración que hiciste para encontrar tu chispa, escoge al menos cinco actividades que quieras probar y agéndalas muy formalmente. Te recomiendo probar solo una cosa nueva a la semana, y darte dos oportunidades para hacerlo.

Me he dado cuenta de que hacer algo una sola vez no es suficiente para determinar si en realidad tiene futuro en nuestra vida, pero ya con dos, resulta un poco más claro. Si lo que probaste te encanta, sigue haciéndolo y cancela las actividades de las siguientes semanas. Pero si no sientes que haya encendido la chispa, vete a la siguiente actividad de tu lista.

Haz esto hasta que encuentres algo que te encante. No te limites al lugar en el que vives, acuérdate de que hay muchas opciones en línea que puedes aprovechar. Tampoco dejes que tu mente lógica interfiera demasiado en tus decisiones, esto se trata de encontrar actividades que te apasionan, y para ello requieres de tu intuición más que de tu lógica.

Ritual

adiós a las cargas

Busca una piedra mediana, procura que sea lisa, pues vas a tener que escribir sobre ella. Las de río son hermosas, fáciles de conseguir y vienen cargadas de energía por el agua, lo cual las hace ideales para este ritual.

1. Ya que tengas tu piedra, siéntate a observarla con detenimiento.

2. Piensa en alguna característica de tu vida o personalidad que quieras dejar atrás. Algunos ejemplos pueden ser la sobreexigencia, el perfeccionismo, el control.

3. Escríbela sobre tu piedra. Te recomiendo que lo hagas con plumones indelebles y que de verdad te enfoques en por qué ya no quieres seguir cargando con ello.

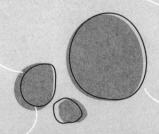

transformador

4. Después, mete tu piedra en tu bolsa o tu bolsillo, y llévala contigo a todas partes: al trabajo, por los niños, a la universidad. No salgas de casa sin ella.

5. Luego de varios días, busca un cuerpo de agua (mar, lago, río, charco). Saca tu piedra, tómala en tus manos por última vez, lee lo que escribiste en ella y lánzala al agua.

6. Siente cómo te liberas tanto de su peso como de su significado emocional. Cierra los ojos y visualízate ligera y libre de lo que venías cargando.

Despedida

E spero que este libro te haya inspirado de alguna manera, que mi historia y camino te hayan servido para ver tu propia historia y que a través de los ejercicios y rituales te hayas conectado con otras partes de ti que quizá tenías olvidadas. Tengo la esperanza de que durante este breve tiempo que hemos estado juntas te hayas cuestionado, dedicado tiempo de introspección y salido de tu zona de confort, al menos lo suficiente para sentirte segura de que tienes el poder de trazar tu propio camino. Espero también que al contarte sobre mí hayas podido ver de cerca y de manera honesta que **ser una *superwoman* no lo es todo en la vida, y que por el contrario, es mucho más valioso estar presente y vivir de una manera congruente y feliz que tratar de quedar bien con todo el mundo y aparentar que dominas el mundo.**

Escribir este libro ha sido un sueño y un gran aprendizaje. Primero, porque es un regalo poder compartir contigo de esta manera, tan real y honesta. Y también porque al acomodar toda esta información me doy cuenta de que en verdad sí he caminado. Estas ampollas no son en vano.

Si alguien me hubiera dicho hace cinco años que hoy estaría escribiendo un libro sobre el equilibrio no les hubiera creído, sobre todo porque mi vida era todo menos eso. Mi balanza estaba completamente descompensada y me la vivía al borde del colapso. Me da mucho orgullo ver cuánto he cambiado, y saber que pude transformar mi vida en una que me funciona y me da paz.

> *Antes hacía mucho y de todo; ahora hago menos, pero logro más.*

No sé cómo explicarlo, pero es cierto lo que dicen: es mejor la calidad que la cantidad. Ahora distribuyo mi energía y tiempo de una forma que me permita asegurarme de que todas las áreas de mi vida están nutridas y en equilibrio. Cuido mi cuerpo, mi mente y mi espíritu de la mejor manera que puedo y utilizo las herramientas que he aprendido en el camino.

Ahora entiendo que la vida va a seguir, que tengo poco control en lo que ocurre afuera y mucho sobre elegir la manera en la cual yo lo vivo, asimilo y transformo. Aquí estamos, viviendo esta experiencia y creo que la mejor forma de hacerlo es encontrando un equilibrio entre hacer lo mejor que podemos, pero soltar el querer hacerlo todo y al mismo tiempo.

Es hora de conocernos mejor, conectarnos con nuestros deseos más íntimos, ajustar nuestras acciones y aprender a fluir con el universo.

De todo corazón te deseo suerte, yo sé que no es fácil pero también sé que sí puedes.

«Agradece la gota
que derramó el vaso.
Es la semilla del
cambio que pedías».

—Anónimo

Agradecimientos

Antes que nada, quiero agradecerte a ti por tener este libro en tus manos. Me explota el corazón de amor e infinito agradecimiento de que existan personas en el mundo a las que les interesa lo que yo tenga que decir y que me regalen lo más valioso de estos tiempos, su atención. Sigo sin creer que mis palabras puedan ser relevantes para la vida de quien sea y todos los días de mi vida agradezco que existas y que apoyes mi trabajo. Sin ti yo no estaría aquí. De verdad, gracias, gracias, gracias por ayudarme a lograr todo esto que está sucediendo en mi vida.

No puedo creer que escribí un libro. Ha sido uno de mis sueños desde que tenía nueve años y empecé a llevar un diario. Desde entonces supe que esto era lo mío, no porque lo haga bien sino porque para mí es la liberación más hermosa que existe. Poner en palabras lo que sucede dentro de mí es una extensión de mi ser y siempre soñé con poder compartirlo con el mundo.

Gracias, mamá Melinda, mi rebelde favorita, sin ti yo no sería nadie... Literalmente. Gracias por parirme, cuidarme y enseñarme todo lo que sé sobre la vida. Gracias por hacerme creer que puedo ser y lograr lo que sea. Esa confianza en mí misma es el mejor regalo que pudiste haberme hecho. *It's been a good wild ride*, mamacita. Tenerte como mi madre ha sido lo más retador y hermoso de mi vida. Gracias.

Bibi, gracias por amarme tanto y tan bonito. Por ser mi mejor amigo, compañero, amante, socio y persona favorita en el planeta. Todavía no puedo creer que me tocó la fortuna de tenerte a mi lado. Algo he de haber hecho bien en otra vida para merecerte. Eres la persona más extraordinaria del mundo. Te amo diario y te quiero en mi esquina (en mi mesa, en mi cama, en mi coche, en mi vida) siempre. Eres el amor de todas mis vidas y para siempre.

Jazz, *my first born*. Mi hija divina, verte crecer y convertirte en una mujercita es un regalo, eres una inspiración constante. Sensible, artística, suave y sutil. Deseo que siempre te sientas libre y amada. Gracias por escogerme como tu madre y por tenerme inmensa paciencia en lo que aprendía lo que eso significaba. Sé que no lo hago perfecto, pero te prometo que hago lo mejor que puedo y con todo el amor del mundo.

Emil, *my baby*. Hijo de mi alma, el mejor personaje, el más divertido, amoroso y carismático. Tu risa es el sonido más hermoso del planeta Tierra. Tu creatividad y ocurrencias son las más divertidas. Gracias por mantenernos ligeros. La vida estaba incompleta hasta que llegaste tú. Te amo.

Dylan, mi hermanito, mi primer hijo, mi primer gran amor. Gracias por existir y llegar a mi vida en el momento perfecto. Por enseñarme a amar incondicionalmente y despertar en mí el deseo de tener a mis propios hijos. Estás bien padre. *I'm so proud of you, dude. You don't even know. I'm your number one fan.*

Gracias a mis amigas que son el alimento de mi alma y que me han tenido toda la paciencia del mundo mientras navego por esta vida buscando mi camino. Gracias por quererme y aceptarme así como soy: libre, excéntrica, distante, exigente, profunda y todas esas otras cosas que ustedes saben mejor que yo.

A Lalo Marron, por haber llegado a mi vida en el momento de mi máxima confusión adolescente, haber visto algo en mí y haberme llevado a la gran ciudad a trabajar en la televisión. Cambiaste el rumbo de mi vida... y creaste un monstruo.

Carmen, por ser la primera y más importante sanadora en mi vida. Por hablarme de energías, canales, divinas indiferencias y fuegos descontrolados. Te amo infinitamente, mi Doctorcita.

Marielo, la bruja mayor. Mi maestra de tarot, péndulo, chakras y transmutaciones. Manifestadora, contenedora y aceleradora de procesos cósmicos y kármicos. Gracias por las «observaciones con carácter». Te quiero.

Ellen, teacher, thank you for introducing me into the deeper aspects of yoga. For using humor to remind me that yoga is not asanas and that the real practice happens outside of our mats. For letting me come and go, making me feel contained and free at the same time. It is an honour to be your student. Namaste.

Ana, pareja. No tengo palabras para decirte lo importante que ha sido tu presencia y contención este año. Tu agua es el equilibrio perfecto para mi exceso de fuego. Eres una tipaza.

Gracias, Karina Macias, por buscarme, por ver en mí un potencial que ni yo veía y apostar por mi proyecto. Me acuerdo de esa primera vez que hablamos por teléfono y me propusiste escribir un libro. No sabíamos ni de qué sería, pero la respuesta fue sí, el sí más valiente de mi vida.

Gracias, Tamara Gutverg y María José Cortés, por convertirme en una autora, por leerme, releerme, corregirme y agarrarme de la mano durante este proceso del cual no sabía absolutamente nada. Qué onda, ¿empezamos el que sigue?

Por último, quiero agradecer a todas las personas que han sido parte de mi vida de alguna forma, en algún momento, en un tiempo. Todos tuvieron su razón de ser. Todos son parte de quien soy. Gracias por jugar a esto de existir conmigo.

Bibliografía

Bertone, H. (2014). Which Type of Meditation Is Right for Me?, Healthline. Recuperado de: https://www.healthline.com/health/mental-health/types-of-meditation

Cambridge Dictionary (s.f.). Eustress. En el *Diccionario Cambridge.org*. Recuperado de: https://dictionary.cambridge.org/es/diccionario/ingles/eustress

Cameron, J. (1992). *El camino del artista*. México: Aguilar.

Dyer, W. (2007). *Cambie sus pensamientos, cambie su vida: vivir la sabiduría del Tao*. México: De Bolsillo.

Emmons, R. A.; McCullough, M. E. (2003). Counting Blessings Versus Burdens: An Experimental Investigation of Gratitude and Subjective Well-Being in Daily Life. *Journal of personality and social psychology*. 84. 377-89. https://doi.org/10.1037//0022-3514.84.2.377

Ford, D. (2001). *Los buscadores de Luz*. España: Diagonal.

Freud, S. (2006). *What did Freud say about Anxiety?* Freud Museum. Recuperado de: https://www.freud.org.uk/education/resources/what-did-freud-say-about-anxiety/#:~:text=Freud's%20views%20on%20anxiety%20shifted,with%20'civilised'%20social%20norms

Gallup (2019). Gallup 2019 Global Emotions Report. Recuperado de: https://www.gallup.com/analytics/248906/gallup-global-emotions-report-2019.aspx

Gilbert, E. (2015). *Libera tu magia*. México: Aguilar.

Gonzalez Ceinos, M. (2007). Reflexión sobre los trastornos de ansiedad en la sociedad occidental. *Revista Cubana de Medicina General Integral*, 23(1). Recuperado de: http://scielo.sld.cu/scielo.php?pid=S0864-21252007000100013&script=sci_arttext&tlng=en

Harvard Medical School (2019). The 4 most important types of exercise. Recuperado de: https://www.health.harvard.edu/exercise-and-fitness/the-4-most-important-types-of-exercise

Inegi (2019). Matrimonios y divorcios. Recuperado de: http://cuentame.inegi.org.mx/poblacion/myd.aspx?tema=p

Jung, C. G. (1952). *Símbolos de transformación*. México: Paidós.

Kondo, M. (2010). *La magia del orden*. México: Aguilar.

McGinn, K. L.; Ruiz Castro, M.; Long Lingo, E. (2018). Learning from Mum: Cross-National Evidence Linking Maternal Employment and Adult Children's Outcomes. *Work, Employment and Society*, 33(3), 374–400. https://doi.org/10.1177/0950017018760167

McMains, S.; Kastner, S. (2011). Interactions of top-down and bottom-up mechanisms in human visual cortex. *Journal of Neuroscience*, 31(2) 587-597; https://doi.org/10.1523/JNEUROSCI.3766-10.2011

Osho (1974). *El libro de los secretos*. Recuperado de: https://www.osho.com/osho-online-library/osho-talks/tantra-tension-anxiety-d91f8170-e64?p=5d630a0550f43abd964d7d799232ccad

Singer, M. (2014). *La liberación del alma*. México: Gaia Ediciones.

Smith, M.; Segal, R.; Segal, J. (2020). Therapy for Anxiety Disorders. HelpGuide. Recuperado de: https://www.helpguide.org/articles/anxiety/therapy-for-anxiety-disorders.htm

What Style of Meditation is Right for You? (s.f.). Interact. Recuperado de: https://www.tryinteract.com/quiz/what-style-of-meditation-is-right-for-you/